右腦思考

善用直覺、觀察、感受，
超越邏輯的高效工作法

內田和成
（Kazunari UCHIDA）

周紫苑——譯

經營管理 161

右腦思考：

善用直覺、觀察、感受，超越邏輯的高效工作法

作　　者 —— 內田和成（Kazunari Uchida）
譯　　者 —— 周紫苑
選 書 人 —— 林博華
責任編輯 —— 文及元
行銷業務 —— 劉順眾、顏宏紋、李君宜

總 編 輯 —— 林博華
發 行 人 —— 涂玉雲
出　　版 —— 經濟新潮社
104 台北市民生東路二段 141 號 5 樓
電話：(02)2500-7696 傳真：(02)2500-1955
經濟新潮社部落格：http：//ecocite.pixnet.net

發　　行 —— 英屬蓋曼群島商家庭傳媒股份有限公司城邦分公司
台北市中山區民生東路二段 141 號 11 樓
客服服務專線：02-25007718；25007719
24 小時傳真專線：02-25001990；25001991
服務時間：週一至週五上午 09：30-12：00；下午 13：30-17：00
劃撥帳號：19863813；戶名：書虫股份有限公司
讀者服務信箱：service@readingclub.com.tw

香港發行所 —— 城邦（香港）出版集團有限公司
香港灣仔駱克道 193 號東超商業中心 1 樓
電話：25086231 傳真：25789337
E-mail： hkcite@biznetvigator.com

馬新發行所 —— 城邦（馬新）出版集團 Cite(M) Sdn. Bhd. (458372 U)
41, Jalan Radin Anum, Bandar Baru Sri Petaling,
57000 Kuala Lumpur, Malaysia.
電話：(603) 90578822 傳真：(603) 90576622
E-mail： cite@cite.com.my

印　　刷 —— 漾格科技股份有限公司
初版一刷 —— 2020 年 3 月 3 日

城邦讀書花園
www.cite.com.tw

ISBN：978-986-986-8020

定價：360 元

Printed in Taiwan

〈出版緣起〉

我們在商業性、全球化的世界中生活

經濟新潮社編輯部

跨入二十一世紀，放眼這個世界，不能不感到這是「全球化」及「商業力量無遠弗屆」的時代。隨著資訊科技的進步、網路的普及，我們可以輕鬆地和認識或不認識的朋友交流；同時，企業巨人在我們日常生活中所扮演的角色，也是日益重要，甚至不可或缺。

在這樣的背景下，我們可以說，無論是企業或個人，都面臨了巨大的挑戰與無限的機會。

本著「以人為本位，在商業性、全球化的世界中生活」為宗旨，我們成立了「經濟新潮社」，以探索未來的經營管理、經濟趨勢、投資理財為目標，使讀者能更快掌握時代的脈動，抓住最新的趨勢，並在全球化的世界裏，過更人性的生活。

之所以選擇「經營管理—經濟趨勢—投資理財」為主要目標，其實包含了我們的關注：「經營管理」是企業體（或非營利組織）的成長與永續之道；「投資理財」是個人的安身之道；而「經濟趨勢」則是會影響這兩者的變數。綜合來看，可以涵蓋我們所關注的「個人生活」和「組織生活」這兩個面向。

這也可以說明我們命名為「經濟新潮」的緣由—因為經濟狀況變化萬千，最終還是群眾心理的反映，離不開「人」的因素；這也是我們「以人為本位」的初衷。

手機廣告裏有一句名言：「科技始終來自人性。」我們倒期待「商業始終來自人性」，並努力在往後的編輯與出版的過程中實踐。

前言

當你還是社會新鮮人時，是否曾有人提醒你「工作不是玩遊戲，不能以個人好惡影響工作」？或是「工作不能倚賴經驗或直覺」？

職場上最重要的思考邏輯基準就是數據和數字，就算是弄錯了，也不能憑直覺判斷，說明邏輯思考對於工作的重要性。

然而，真是這樣的嗎？

一般人在日常生活中，其實很依賴著直覺、感受。

比方冰箱裡的食物不知道還能不能吃的時候，我和小兒就會因為平時不常煮飯或採買食材的緣故，只看消費期限來判斷，若在期限內就覺得是可以安心食用的。

內人和小女因常常煮飯，也經常前往超市採買，她們會憑著感官直覺來判斷。首先，會用眼睛看看食物表面，先判別一下有沒有問題。

其次，用鼻子聞聞看，甚至用手壓一壓食物表面，有時甚至嚐一小口，看看到底有沒有問題。乍看之下，覺得她們這種判斷方式既不合邏輯又危險，但仔細想來其實是滿合理的。

怎麼說呢？或許一般人都會認為，我和小兒憑著消費期限的判斷方式既正確又安全。但是，實際上卻是一點學習力與進化都沒有的判斷方式。或許風險較小，畢竟只要以消費期限來當成判斷的基準就好，不需要進一步去思考或測試。

進一步來說，這是「思考停止」。

相對地，內人和小女的做法，或許讓人感覺有一點野蠻，但是，細想之下其實她們的做法是有學習力的。像是有些東西大部分即使過期仍可食用，這樣就可以從中學習體驗到「危險」、「糟糕」。

或者說親身體驗靠直覺來判斷。

當然有時候也會踢到鐵板，像是吃壞肚子之類的，但至少靠自己的直覺就可以做判斷，那些沒寫期限或是有寫日期但過期的食材就丟了。

而我和小兒的做法，當遇到無法掌控的未知情境時，因為沒有自我判斷的能力，所以經常不知道也不懂得如何處理，其實工作上也常有類似的情形，這也是本書想要闡述的論點。

職場上，相信大家都曾遇過一種狀況，那就是靈感一來脫口而出，卻被質疑「到底有何根據憑什麼這麼說」，另一種情況則是明明對別人提出來的企畫「總覺得哪裡怪怪的」，卻又因為提不出具體佐證，只好默不吭聲。

當遇到這種情況時，建議的解決方式如下：

重要的事要用邏輯思考，盡可能以數字做為數據佐證進而條理分析說明。尤其是從事顧問的工作，邏輯的見解與思考方式，加上數據和統計資料的數字就會更具有說服力。

我在波士頓顧問公司（Boston Consulting Group，BCG）工作二十多年，曾擔任日本區的負責人，有時「別人以邏輯說服我」、有時「我以邏輯說服別人」，所以面對各種情況可說非常了解。

比方企畫某項事業策略時，首先要先看市場去了解有什麼樣的商機和風險，盡可能數據化。其次是競爭對手是誰？實力如何？或者是威脅程度如何？盡可能數據化至少必要項目都要評估進去。最後再評估公司的經營運作資源，綜合這些來判斷，制定事業策略方針。

在進行這些分析的時候，就能將在商學院所學的市場分析、財務分析、人才運用、組織改革的方法理論等派上用場。

雖不是否定這些分析手法，但就從長年的商場經驗來說，商學院的教科書上面所寫的一些知識，用於實戰仍然不足夠。

透過顧問這份工作，接觸許多優秀的經營者，從這群人身上學到他們都非常重視經驗和直覺。

問了一些曾成功地改革經營的經營者們，或運用出奇獨特的經營策略讓公司營運突飛猛進的經營者們「當初為何決定那樣做？」所得到的答案大多是「直覺吧！」或「沒有人知道結果會如何，不試試看，怎麼會知道？」

當然有些人會認為成功了怎麼說都行，可是與那些成功的經營者同樣憑直覺做事，最終卻仍失敗，黯然地從經營舞台上消失，這才是多數人的下場。

所以，有些人認為還是得靠邏輯思考而非單憑直覺。

即使如此，我並不覺得「不能只靠直覺」。

前述提到我在管理顧問公司工作超過二十多年，常會遇到「別人以邏輯說服我」或「我以邏輯說服別人」的情形，不過實際上相較於邏輯分析，我卻是比較偏向於靈光一現（按：意指「直覺、感受、觀察或經驗」）或拭目以待（按：意指「試試看才會知道結果」）的那種類型。

本書中將感受、情感、直覺等無法用邏輯來闡述說明的靈感、思考、想法，通稱為右腦。相對地，左腦是指邏輯或理性可以闡述的事情。

本書所想傳達的**並不是要否定邏輯思考。而是除了邏輯思考之外，還可運用情感、直覺，換句話說，也就是活用右腦更能增進工作效率或提高達成率。**

當然，我並不是一味鼓勵所有事情單憑右腦。

本書中，主要以三個重點來介紹如何活用右腦。

第一個重點、左腦和右腦使用的順序與場合。

第二個重點，左腦和右腦並非獨立個別使用，兩者之間必須交替互換使用，稱之為「思考的交互傳接球」（按：理性與感性並用）。

第三個重點，如何鍛鍊右腦活用於工作。

經常能徹底貫策邏輯思考的人，或總是憑藉經驗或直覺順利處理好事情的人，或許這本書派不上用場。我覺得通常這樣的人職場經驗太少，或自己沒發現到其實並不順利而已。

「雖然用邏輯思考去做了，卻毫無效果，行不通也沒有人遵從，沒人要動起來。」「目前為止都靠著經驗和直覺做事，時常覺得很不安，大好大壞起起落落。讓人覺得不可靠，有一種到了極限的感覺。」

「時常煩惱邏輯思考和經驗、直覺該如何區分使用才好。」

工作做久了，碰到這些煩惱問題是很正常的，希望這本書對於解決這些煩惱問題能夠有所幫助。

二〇一八年十二月

內田和成

目錄

右腦思考

第二章　右腦的使用方法

第三章 先用右腦想，再用左腦邏輯做確認

第四章 左腦思考的邏輯架構以右腦豐富內容

第五章 鍛鍊右腦「力」

第六章　試著除了邏輯思考之外，更相信直覺

第一章

使用右腦的重要理由

1 邏輯思考的陷阱

無聊的選擇：雖然正確但無趣

某天你跟女友約看電影，在選擇看哪一部電影的時候，下面二種模式，哪一種是最接近的你所選的模式。當然通常都是雙方一起做決定，但這裡前提假說是一個人做決定。

先從第一種模式說起。

現在流行什麼電影？對了，之前朋友說艾瑪・華森（Emma Watson）最近演的一部電影滿有趣的，而電視上影評廣告則推薦導演是枝裕和的最新作品。

一方面，如果從自己喜歡的電影類型來選，比較喜歡看《星際大戰》（*Star Wars*）、《侏儸紀公園》（*Jurassic Park*）等類型的電影，所以選《不可能的任務》（*Mission: Impossible*）系列的電影。但是女友喜歡看《樂來越愛你》（*La La Land*）類型的浪漫愛情片，或《阿拉丁》（*Aladdin*）、《冰雪奇緣》（*Frozen*）迪士尼卡通類型的電影。

前不久約會約好卻臨時放她鴿子，所以今天約會看電影為彌補她，就選她喜歡看的類型。這麼一來，就不先選看《不可能的任務》（*Mission Impossible*）系列的電影。而她之前說過才剛看過迪士尼的電影，所以今天就選日系愛情動漫電影《你的名字》的續集看好了。

看完電影還想去最近很火紅有年輕主廚的義大利餐廳用餐，女友也會為此盛裝打扮一番，索性電影院也還有豪華情侶座的六本木影城。

第二種模式則為更具有邏輯的抉擇方式。

首先把最近自己看過的電影列一張清單出來，檢視一下大多看哪種類型的電影，比較少看哪些類型的電影。發覺最近好像都看西洋電影，那麼今天或許選擇日本電影來看也不錯。

只不過，今天是第二次的約會，想藉這次的約會看電影讓彼此更親密一些。若是這樣，就不是選自己喜歡看的電影類型，而是選擇她可能會喜歡的電影類型，想知道她到底喜歡看哪一類型的電影，就必須得先「做功課」。若覺得事先「做功課」有些困難，可以先想像她最近都看哪一類型的電影，備妥好幾個方案。感覺她好像會偏向喜歡音樂劇或浪漫愛情片。

接著，找一下報章雜誌、報紙廣告，或上網找也行，看看最近獲得好評的電影有哪些？可能會發現目前最受好評的電影，就是獲得坎城影展金棕櫚獎、由導演是枝裕和所導的新片《小偷家族》。其次推薦《星際大戰》（*Star Wars*）系列第九部新作品。再來就推薦艾瑪・華森最近新主演的浪漫愛情片。畢竟才剛在一起沒多久，並不是那麼了解她的興趣和喜好，所以避免社會寫實的電影。

《星際大戰》系列第九部新作品是自己想看的，她應該不會有興趣。這樣的話，選艾瑪・華森主演的最新浪漫愛情片應該比較保險。

其次要選的是「去哪家電影院看？選什麼座位好呢？」各自從家中出發抵達電影院的距離和所需時間、電影院的位置、電影院內的音響設備效果、有沒有賣什麼零食等，都列入選擇考慮的範圍內。

但不是這樣就結束了，最後要審視一下這次看電影約會整體的CP值（按：cost–performance ratio，即為性價比〔price–performance ratio〕）如何，為了看這場電影，花了多少時間？花了多少金錢？看了這場電影後，自己以及女友又滿足了多少？二人因為看了這部電影後，彼此的距離又親近了多少？綜觀結果來看，這次的電影約會有沒有達到最大的收益效果，若都ＯＫ表示可行。

到底你會選擇哪一種模式呢？像第二種模式一定是馬上就會被否決掉的，事實上我也認為不大有人會選擇第二種模式，因為這種模式根本一點都不會讓人覺得對約會有啥興奮與期待的，一點也不好玩。

但若換成是工作，用第一種模式就會被指正「做事不能只憑感受」、「要蒐集資料數據彙整評估過後才能做」。

我認為以第二種模式不僅在工作上或做事不會進步也無法創新，因此，在工作上還是盡可能多採用第一種模式會比較好。

工作一定要能樂在其中，就跟選看哪一部電影一樣，工作也是一邊想新花樣，再將自己喜歡的融入企畫中提案出來，這樣才會有意思。

其實能想出那些「新靈感」、「好點子」的多半都是樂在其中，實際去執行實現那些點子和創意，也會讓人工作更愉快。不管是第一線的員工或是主管，像這樣可以憑直覺做決定，工作起來也會讓人比較有幹勁也比較愉快。

善用邏輯反而容易落入「陷阱」

比方公司要你企畫提案新產品，你該怎麼做？

新產品Ａ事前已做市場需求調查確認，消費者調查也獲得好感，所以想要向「經營團隊們」提案。整個企畫案雖不能說完美無缺，但縝密的分析、市場環境、消費者需求、新產品的競爭優越性、競爭對手的比較分析、成本收益計算等，都完整寫在企畫書，**讓人能清楚明瞭且富有邏輯的簡報。**

相信大家應該都或多或少有經驗，那就是即使是再好的企畫案，倘若經營者或企業層峰反對，就不會受到採用，還是必須重新提案。

企畫案無法通過的原因，大約分成二種。

第一種就是提案沒有什麼邏輯，企畫書內容的完成度很低，對市場的看法、消費者的需求掌握方式、產品的生產成本、銷售預期都不是很明確。若是這樣，只要再好好修正企畫書內容提高完成度，之後若再提案一次，很有可能會被採用，這裡簡稱為 A 模式。

第二種就是經營者不喜歡這個企畫案，這裡簡稱為 B 模式。這種情況時經營者的反應又可以分成二類型。

一種類型是即使問了反對理由也是不會明確地告訴人，說不上來總覺得不大喜歡，覺得應該還有其他的方案。看了邏輯不知道在想什麼，總之就是反對的狀態。這裡簡稱為 B1 模式。

另一種類型就是提案對市場的調查還不夠，或者怎麼樣斷定說消費者會對這產品有興趣呢？這項企畫案真的能實現嗎？成本的計算確定無誤嗎？一連串連細部小節都挑出來檢視一番。這裡簡稱為 B2 模式。（【圖表 1－1】）

這三種模式其中 A「企畫書內容的完成度低」的情形和 B2「因為不喜歡，所以對邏輯有意見」的情形，經營者的反應表面上看起來都一樣，其實是有陷阱的。

應該解釋說 A 與 B2 後續的發展是大不相同的。A 模式只要能解決被指正的問題與課題，好好用邏輯對應，是很有可能最終會被採用的。

而另一方面，B2 模式則是純粹就是不喜歡這個企畫案，想方設法找麻煩而已，被指正

【圖表 1-1】 提案遭人反對的三種模式

	反應	真正的原因
模式 A	對邏輯有意見	企畫書內容的完成度低
模式 B1	總之就是反對	不喜歡
模式 B2	對邏輯有意見	不喜歡

的問題就算修正好再次提出去，還是會再找其他的問題來刁難。

說穿了，B2 模式就是決策者根本不想採用這個企畫案，所以不管怎麼修正，方案都不會成功也不會被採用，只是浪費時間罷了。

若是 A 模式，只要將被指正的問題修正後，還是有可能受到採納，所以需要好好重新檢討一番才是。

B1 模式「總之就是反對」，若是很明顯的看得出來就是反對企畫案時，可以試著從上司或者周圍的人去問出答案，進而想看看，不一定能有對策解決問題，若真的不行，就算放棄也是因為已盡全力。

這三種模式當中，只有 A 模式可以用邏輯思考來對應解決問題。

B1 和 B2 模式單靠邏輯思考是解決不了的，從表面上來看，A 模式和 B2 模式看起來有相同問題。如何區分不同？當第一次提案遭反對後，試著再做第二次提案就可以看清楚一些問題點。請第一次簡報時也在場的同事、直屬上司幫忙確認問題點，將經營者和企業層峰所指正的問題都一一解決後，再挑戰第二次的簡報說明，若還是被指正甚至比之前更細節的地方，那應該就可以確定是B2模式。且明明已知是屬於B2模式。如果只是修正邏輯與數字，第三次很有可能還是失敗。這時，應該思考如何因應經營者和企業層峰的想法和心態。在以邏輯思考提出優異的企畫案之前，或者提案的同時，有一點非常重要，那就是應該事先了解決策者對這個企畫案是抱持著什麼樣的態度。

即使每個人在進行一些事的當下，覺得應該要用邏輯處理，可是遇到對方不是以邏輯衡量事情的時候，而為了迎合對方，自己反而有可能會變得沒有邏輯。

而為了解決B1和B2模式的問題狀況，只用邏輯是不會成功的，重點是必須去了解對方的心態來想因應對策。如此一來，就不能單靠左腦，必須靠右腦，或是必須去了解對方的右腦在想什麼。

人靠「幹勁」來做事

換個例子，比方這次你辛苦努力有了代價，公司內部或者客戶採用了你的企畫案。實際開始執行時，卻不如原本預期的順利。有許多的因素造成。例如原始的企畫案中有些確實難以執行的地方，或者剛試著進行時就發現市場環境變了，或者是競爭對手推出了相同對打的產品。這時候，有可能因應市場環境變化或是將計畫中止或延期；諸如此類的邏輯對應方式。

其實在很多的公司最常發生也最讓人頭痛的情形，就是當實際推展與執行計畫的人，並不是很贊同這個企畫案時，就不會認真執行計畫。

比方新事業企畫案最常失敗的原因，就是因為企畫者和實際執行者不同。一般來說，先由一些優秀的經營行銷企畫人員做新事業企畫案後，再交給別的不同部門去做實際執行，這樣通常都會失敗。

原因是執行者缺少主事者的認知（ownership；按：另譯為自主感、責任感），所以只要遇到一些小事碰壁，或跟之前預想的有所出入時，就想輕易放棄；這跟優不優秀沒有關係，主要還是心態認知的問題。人都是對自己感興趣的事就會認真拚命去做；如果是被叫去做自己沒什麼興趣的事，差不多就行了。若是自己不熟悉沒經驗的領域，一有風吹草動立刻抽身，對避開風險的敏銳度很強。

不然就是做企畫案的人自己打前鋒，明明都知道會有這種情形發生，但很多的公司企業卻仍舊是提出企畫案的人與真正實際執行的人不同。如此一來，人無法動起來、事情無法執行，這都是理所當然的結果。

提案的人一定得先打前鋒去做，或者是努力想辦法讓實際執行的人願意想去做才行。

其實這種情形不單是新事業企畫案，即便在其他的地方也是時常發生。

例如：自己的部門有新主管述職，可能會有一些新做法或改革，或是發布一些新計畫。實際執行後，卻發現團隊們並不如預期認真執行，還有人想阻撓計畫進行。

這種現象用組織論可解釋為執行力遭到組織慣性箝制，或執行的阻力並未清除乾淨。但依我看來，其實就是單純不想去做而已。每個人都會習慣以往的做事方式，要改變成新的做事方式難免會有抗拒感。比起覺得「這是很新鮮有趣，想要去嘗試做」的正面心態，大部分的人會直覺很不安。

因為抱著這樣的心態，所以即使夥伴或負責人以邏輯勸說需要如何改革，對於無心想做的人而言，一樣還是提不起勁去做。

這時候，就必須深入了解對方的心態，預先知道可能會發生的阻礙，先想好對策才行。打從心底就不怎麼喜歡的企畫案，提案通過開始執行後，也僅是靠著勉勉強強的動力在執行，倘若做成功了或許會賺錢，實際執行時一定會產生當初沒有料想到的問題。這時候，多數的提案或改革，可能會延遲，再不然就是被抽掉重要的部分等，一堆問題困難重重。

結果，這件事到底是對的？還是錯的？到底應不應該去做？這些問題都跟邏輯思考沒關係。感覺好像很有趣、非做不可的心情，這都是屬於情感的心態。當你有一種「必須面對這些覺得好麻煩喔」的想法時，說明了你也是情感思考比邏輯思考跑在前頭的人，你必須有這種自我覺察才行。

2 成功的經營者靠著「靈光一現」來做事

邏輯上明知成功率很低，仍選擇去做

我身為管理顧問，經常接觸許多經營者或企業層峰，迄今超過一千多人，其中可以歸納成功的經營者有相同特質的行為模式。

他們都有一種想到什麼立刻付諸行動的特質。

他們都會去挑戰那些一開始來問我可行不可行時，被我勸說放棄比較好的事。換句話來說，**他們都會選擇去做「用正常邏輯思考之後成功率很低」的事情**。

案例：嬌聯（Unicharm）創辦人高原慶一朗當時身處公司規模小，女性生理用品為公司主力產品的時代。想打入市場規模比女性生理用品大好幾倍的小孩紙尿布市場，但起步稍晚。比主力市場規模還要大的新事業若稍有不慎，恐怕還會連累本業甚至公司可能面臨倒閉問題。當時所有的經營高層幹部都反對，他卻拍胸保證一定成功，最後壓下所有反對聲浪投入新事業市場。那時想的是，如果只靠女性生理用品，這個市場終究會遇到瓶頸。在當時的日本，紙尿布市場仍尚屬於新興的市場，由寶僑（P&G）獨占，他覺得嬌聯現在打入市場還來得及。

但冷靜思考一下，與規模比嬌聯大數百倍以上的國際企業寶僑相較，不論知名度、資本財力、產品開發力、研發人才等所有的都處於劣勢的嬌聯，根本沒有勝算。倘若那時他來問我，我一定會勸他打消這個念頭。

但是，他挑戰了「不可能的任務」。有人問過他沒想過失敗的後果嗎？他回答：「並不是都沒有想過若失敗了怎麼辦？但就是想抓住機會試試看。」

結果如同眾所皆知，在日本，嬌聯打敗國際企業寶僑，還有日本優良企業花王（KAO）等大公司，成功地讓紙尿布市場成為嬌聯的主力事業。

靈光一現之後，再用左腦補充當成後盾

嬌聯投入紙尿布市場，真的是有勇無謀的挑戰嗎？

陸陸續續聽到的一些事再整合串連起來才發現「原來是這麼一回事」。當時嬌聯隨著公司的成長正在規畫下一個新事業市場。其中主力產品生理用品的消費者是女性，如果以此為中心主軸發展開，紙尿布產品也算是公司的事業領域中的一環。

因為不管是生理用品或是紙尿布，女性消費者都有購買商品的決定權。且這二種商品有共同的特點就是將「不舒適」改良成「舒適」。當然這些都是成功的後話了，而社長的「這個一定可行」的直覺，之後再想想也覺得滿有道理的。

我常舉 CYCLE BASE asahi 自行車量販店為例子。之後想來它之所以會成功的關鍵在於導入了與服飾業 GAP 和 UNIQLO 相同的製造販售模式。

一般而言，自行車量販店只是賣自行車，很少有維修的售後服務，更何況是自有品牌（Private Brand，ＰＢ）的製造，除了少數幾家大型量販店以外幾乎沒有這樣做的。而 CYCLE

BASE asahi 卻是以客為主軸售後服務做的相當好，即便在日本泡沫經濟的那個年代大家都是「買新汰舊」的風氣之下，它亦是如此。同時，在別家購買的自行車也可以拿去它那裡修理。目前公司的網頁上還有維修及改裝的方法解說，甚至連到府的維修服務都有。

除充實了售後服務，還在銷售商品時瞭解顧客需求將其運用在商品開發上，還到中國的高級自行車製造工廠親自做設計指導與品質管理。徹底地仿效服飾業 GAP、UNIQLO 的製造販售模式與實踐。

話說回來，當初創辦人下田進從一開始就有這種製造販售模式的想法嗎？不大可能。要能製造販售必須得有相當的營業規模，由賣自行車的小店開始經營，客源也不是很多的情況下，沒辦法只好從其他販賣店不大做的維修售後服務下手，利用售後服務滿足顧客的情況下，開發新車銷售的客源。

這樣做著做著逐漸打開客源市場進而拓展多家店面，同時還累積了有效率的店鋪經營管理技術，以及到後來發展到能製造自有品牌的大規模自行車量販店。

這些都是下田社長與員工日以繼夜多年來辛苦所累積的成果。

仔細想來，這一切應該也都是下田社長天天思考著、嘗試著各種的方式，最終才想出來的方法，同樣也是之後再回想當初會這麼做也是滿有道理的。

上述二個例子，都不是經過邏輯的徹底分析後才去進行的事業或運作策略，仔細去看，會發覺就邏輯上也稱得上是正確的事業決策。

換句話說，**憑直覺或經驗去發現、去感受到的事，也就是右腦思考的事，而後再改以左腦的邏輯理論來做補充當後盾。**事實上，有相當多的公司經營者及經營高層幹部都是這樣的思考模式。

就我的經驗來看，大多數能力好、實力強的成功者，或多或少都擅長運用直覺來做事。

3 職場上，直覺也很重要

危險察覺能力：憑感受洞悉風險

人都有具備一種洞察危險的能力，例如：頭一次上街，雖然什麼都不知道，但會憑直覺知道哪些地方可能一個人走會有危險。或走在交通車輛多到難以看見前方狀況的十字路口、車道與人行道界線模糊的路上，都會先注意周遭的狀況後才會走過去。

而發薪日或拿到獎金分紅，下班之後立刻直奔六本木、新宿，也是另一種意義的危險判斷（荷包縮水的風險）。

也有人是洞察危險的能力比較低，發薪日或拿到獎金分紅就遇到酒肉朋友要求請客，雖然是一個好人，但存不到錢；這和我們與初次見面的人保持距離是同樣的道理。因為不知道有沒有危險並不會貼身接觸，交淺言深反而會引起對方的戒心。職場上其實也是一樣的道理，但卻不大重視直覺。一來，就一般常識而言，工作不能單憑直覺、靈感，或是個人好惡來做事。二來，這樣的直覺或靈感，大多無法用邏輯的方式對人說清楚。

換句話說，私底下憑直覺做事行動是個人的自由，別人也能理解每個人都有自己的好惡問題。但是若是工作上要憑直覺來行動，在邏輯思考當道的今日，就會遭人酸說是「過時的經營方式」。

但是，我認為**工作上更應該要好好利用與生俱來的直覺來做事**。將日常生活中的洞察危險的能力用於工作上能有哪些例子呢？其實有許多的例子可循。

例如：在做決定時常會憑直覺。除了中小企業會這樣做之外，大型企業雖給人的印象是不會有這種憑直覺的做事方式。實際上，一般企業組織愈大就愈有可能，畢竟不可能凡事都靠邏輯理論來進行，組織內存在著太多不同的聲音與想法。

為獲得營運會議、公司內部會議或部門內部的認可時，若只準備會議簡報資料就去參加

會議，那真是愚蠢至極。本來就應該事先調查有誰同意這個案子？有誰反對這個案子？甚至會有種種的疑惑與不安產生，就連這種基本的敏銳度都沒有，到時候去參加會議做簡報時，一定當場遭人痛宰。

常有一些例子是提案人和審查者是敵對的關係，就算提案內容不錯，也會遭到「為反對而反對」。

這種情形若是從表面上就可以看出來反對就還好，最怕的就是遇到表裏不一，看似贊同，卻提出一堆問題刁難。

因此，若是自己提案，首先得將自己或整個團隊的感覺想法定調，先弄清楚會有什麼樣的風險，正好利用一下直覺。

同樣的情形也會在執行的階段發生，內部組織雖決定去做，但執行起來並不如預期，想來原因應該就是出在無心想做，或者實際執行遇到的困難比想像中來得多、又有其他緊急的事發生，各種可能都有。

試想如果是公司的營運改革的情形，改革的目的是為了能發揮規模經濟，做法是一邊減少代理店的數量，一邊增加代理店販售的商品數量。雖然整體來看這是公司的大改革，本應遵守力行。可是人之常情都會想辦法讓曾經是自己管轄的代理店避免被收回代理權，努力找一些藉口去強調其存在的價值，甚至有時故意拖延改革的進度。

或者其中有的代理店老闆與公司以前的業務高層（目前是董事）是舊識，一直都有私交；這些事根本不可能浪費時間去事先都做好調查。

因此，凡是當自己是站在推動改革立場時，很重要的一點就是任何的改革在推動前，都應該事先設想、判斷這個案子在進行時可能會遇到什麼問題，或是應該如何才能順利進行之類的問題。而且在實際執行後，也需要留意是否有哪些地方是不大對勁的。

以職場為例說明，如果客戶那方的承辦人有職務變動，或對方有新主管述職，腦中警鈴開始作響，立刻蒐集有關新承辦人或新主管的資料，並且親自前往拜訪，看看是否有必要特別的對應。

例如：邀請餐敘、找個機會單獨談話等，先蒐集情報以備不時之需。當業務無法順利進行時，必要時可以從對方的罩門下手。或找和雙方關係都不錯的第三方做中間人，試著拉攏彼此的距離。

倘若遇到對方是個和自己不對盤的人，想辦法請客戶換一位和自己比較投緣的人。不然，反過來從自家公司找一位能與對方能合得來的人。

有些處理方式觸及到人性的幽微之處，既不會寫成客戶教戰手冊，也無法將全部的案例都分別按照不同情況逐一確認，頂多憑藉過去累積的經驗運用直覺來處理。

生產的工廠在管理上不單只靠品質管理上所顯示的數據，一感覺有些不對勁，或許就是一種警訊也說不一定。例如：最近常發生一些人為的疏忽造成的錯誤，或許並不是工廠作業環境或生產線的速度問題，搞不好是新產品設計不良所造成，像這樣的事都可以依靠直覺發現。

比起正確的解答，更傾向於選擇進行比較順利的案子

直覺不僅可以避凶，有時在決定要不要做新的事情時，也一樣發揮作用。例如：在新商品銷售時，A產品的調查結果跟競爭廠商的產品相較之下，可以說是完勝商品；B產品則

有可能僅特定少數一部分的人能接受的獨特商品。

這二種商品中該選擇哪一種當新產品推出呢？

如果用邏輯來選擇，會用哪一種產品的投資報酬率比較高，或是比較一下二種產品，哪一個成功機率比較高來做判斷選擇。而這也是商學院的畢業生及經營管理顧問最拿手的領域。

但實際的情形比起上述的用邏輯分析來做選擇，大部分更傾向是經營者或新產品的決策者自己覺得哪種比較好而做出選擇的。

A產品或許比較普遍接受度高，但產品的市場衝擊力小，極有可能流行一陣子就沒了。B產品則無法預測能不能暢銷，若能暢銷極有可能創造市場新銷售也說不一定。

以棒球來說，要對準哪個點打擊？都有三振或全壘打的可能，無法一概而論。

這種情形，就不應選擇邏輯上正確的而是應該選擇能進行順利的。通常經營者多半會以長年的經驗或直覺、個人好惡來判斷做出選擇。

4 人多半靠情感來付諸行動

當權者說「我不知道」

這是發生在我當經營管理顧問時期的事，某位企業高層總是對我們的提案有意見，這家企業的業務型態，是將以往顧客的需求蒐集後，再依照顧客需求來企畫商品再提案給客戶。雖然這樣的業務型態本身並沒有不好，只是除了跟競爭對手無法有什麼差異化之外，還有就是給人的感覺好像是商品都是「問來的」。

於是，我們提案希望能他們能更了解自己顧客的業務，轉型為提案型的業務，讓他們所企畫提案的商品是能進一步去影響顧客，甚至是顧客的顧客。

這個企畫書主要是由顧客的企畫部和內部員工，加上我們經營顧問公司一起提案，內容部分也都已經取得顧客所屬公司內部的認可，只要業務部門依照計畫執行，應該是可以看到業績成效的。

偏偏在召開業務部門決定會議時，業務部門的最高主管卻表態反對這個提案，頓時整個會議陷入混亂。

加上運氣不好，我剛好沒參加那場會議，對方責問：「為什麼這麼重要的會議，內田沒有參加呢？」結果那場會議什麼都沒決定就結束了，只好再召開第二次會議。

第二次會議我就有參加，除了道歉上一次缺席之外，再次把上一次的提案宗旨說明清楚之後，他居然立刻點頭答應。

為何之前反對呢？主要是業務部門最高主管對於這個企畫內容提案，並沒有被說服到讓他打心底覺得「這是個好提案」的程度。

一來，企畫內容中建議提案型的業務模式，與對方以往熟悉的業務模式不同，照那樣去做，不知道能不能成功。再者最主要的原因，應該是因為不是對方自己提出來的案子，所以不是那麼贊同。

到最後，周遭的人和部屬都覺得他只用「我不知道」的藉口反對。

那又為何第二次時他能被說服呢？原因之一，就是在第一次與第二次的會議空檔期間，我約了他做個別訪談，當然也有討論到本質問題，而最主要還是確立他的立場，因為他不允許「別人做決定之前，沒有事先經過他的同意」。

與其說是這位業務部門最高主管的人格特質，倒不如說，凡是握有權力的人都會有類似這樣的情形發生。說穿了，這種行為代表著他們的權力不容忽視。

所以，面對這樣的情況，提案最重要的不是只有那些邏輯分析說明，還必須去說服那些企業層峰，讓他們了解到這些提案「能夠實現他們想改革的手段，對他們有所幫助」才行。

將對方的情感和理論因數分解

總之，**人是靠情感來行動，而不是用邏輯**。若漠視這一點，而認為不合邏輯的人就是不會做事的人，否定這個人或者避開他去進行，反而是一件相當危險的事，也會讓事情變得更麻煩。

【圖表 1-2】 對方情感和理論的因數分解

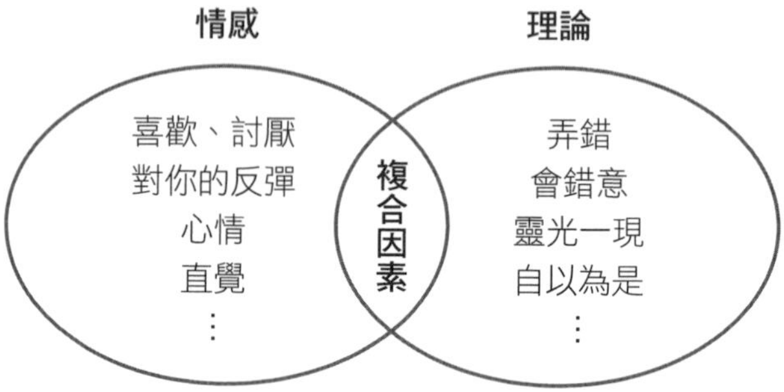

所以首先要釐清楚的就是為何他（她）反對呢？有哪裡不滿意的呢？最先做的就是邏輯的驗證。將自己的主張與他的主張做比較，對方比較有理或者意見比較好時，必要時轉而修正自己的想法。若邏輯上對我們有利或他的說法不成理由時，下一步就是要能先看穿什麼樣的情感與其言論行為有相關。

提醒大家注意，有時我們覺得是情感的因素，可是對方卻認為合乎邏輯理論。若是這種情況，我們就有必要試著去理解他腦袋裡所呈現的是怎麼樣的結構理論。

也就是說在腦海呈現如【圖表1-2】那般的圖，來想像他腦中的畫面。

首先，最容易讓人懂得的就是純粹的情感，具體可以列舉如下：

- 對企畫案本身的喜歡、厭惡。
- 對企畫案提案者的喜歡、厭惡。
- 「總覺得」不怎麼喜歡，提不起興趣。
- 直覺告訴自己應該要「等一下」

第一項「對企畫案本身的喜歡、厭惡」和第二項「對企畫案提案者的喜歡、厭惡」，例如：「就是不喜歡那傢伙說的……」即使知道原因，還是沒能有解決的對策，不過卻能釐清楚問題點。

另外，針對第三項「『總覺得』不怎麼喜歡，提不起興趣」，要清楚知道為何有這樣的感覺才能對症下藥解決問題。是因為不怎麼喜歡這個企畫案？還是企畫案中的哪一個環節覺得不妥？還是不喜歡企畫案的提案者？針對不同答案採取不同應對。

最後一項**「直覺告訴自己應該要『等一下』」，面對有這種想法的人，讓人覺得「真是敗給他了」直接想放棄，但不能這麼做。為什麼這麼說呢？因為他會直覺地這麼認為，一定也是有某個重要原因。**

因此以我來說，不會因為他說「憑直覺」就不理他，反而會更認真去傾聽他的想法。

一來，搞不好真的是自己有忽略了一些問題點也說不一定，例如：他可能考量到執行時有可能會對現場造成過度的負擔，若真的不修正直接進行，有可能會造成現場混亂，在執行階段就會不大順利。

二來，就算對方無法順利陳述自己的論點，若能試著去了解，或許還可以從中找出說服他的理由。

曾有案例是要裁撤整個事業體，而反對的最大理由是擔心撤掉後，很多人都會失業，所以就編造一些理由來反對。那麼，只要能提出讓那些基層工作者不會因此沒有工作的企畫案，就能讓對方接受。

講到這都是在講有關情感的部分，另外還是會常碰到一些單是聽就覺得很奇怪，或者不是很能理解的歪理，像是：

- 提出錯誤的、遭人誤解的理論
- 提出突發奇想的邏輯

●為了表示自己是對的，提出自以為是的理論

第一項的理論本身就怪怪的，所以只要不傷到對方，若能好好說明，應該可以讓對方理解。

第二項因為是突發奇想的邏輯，所以有時是一種不切實際的想法，有時好像煞有介事；解決方法是想辦法讓對方察覺「一切都是自己的異想天開」。

最難解決的就是第三項，因為對方反對我們，所以會將自己的理論正當合理化，一味地覺得自己是對的、別人是錯的。若一直跟他爭辯，可能惹怒他，進而全盤否定我們，所以必須注意。還有一種狀況，就是即使明知自己錯了，但也會睜眼說瞎話說自己是對的。

說服對方最關鍵的技巧，就是必須先了解對方在想什麼、感受如何。在此把這些稱之為情感和理論的因數分解。

最重要的還是對方對於我們所說的或所企畫的提案，到底抱有什麼樣的感受、想法以及邏輯，這些都必須去了解。有可能情感上和理論上都反對，或是情感上反對但理論上贊成，以及情感上贊成、理論上卻反對等。

來因數分解一下，例如：前述「為什麼這麼重要的會議內田沒有參加呢？」的那位反對改革的業務部門最高主管的情感狀態。由於部屬做決定之前沒有事先徵詢自己的意見，所以抱著一種「不怎麼喜歡」的情感。加上與以往的營業模式不同，已先入為主認為可能會進行不順利。總之，為了反對而想出的邏輯，情感部份占了反對理由的大部分，理論才占一小部分而已。當中有某部份的理論也是情感所延伸出來的。要解決的第一步必須先從情感的部分下手找出對策。

第二章

右腦的使用方法

1 工作分成三個階段

在第一章中曾介紹在工作上使用左腦很重要，也清楚了解到有些狀況還是必須用到右腦的。接下來就「右腦該用在哪？該如何用？」進行解說。首先，從工作上的流程來進行解說。

輸入和輸出：研議並分析蒐集到的情報資訊之後，再發布執行

各位就來想像一下工作上遇到些問題需解決的情況。

工作上若發生問題會先弄清楚課題再制定解決方案，然後執行。不可能馬上就生出解決方案所以需要點時間做準備工作。

以【圖表 2-1】來做解釋說明。第一個階段，先調查清楚問題如何產生，整理出究竟

【圖表 2-1】 工作順序

有哪些課題。現狀分析、情報蒐集或建立假說，這一連串的準備工作都稱之為情報蒐集階段。

接下來要做的就是在幾個發現的課題中去找出真正的課題。所以需做情報的分析與整理課題、制訂方向，以及整理出做決定之前的解決替代方案等前置作業。這些稱之為研議分析階段。

最後的階段就是做決定階段，在決定是否採用前階段所選出的替代方案，或是從多數的替代方案中選擇要用哪個替代方案。決定之後公司組織內部或是公司外部的顧客又該如何傳達發布？都必須經過一番溝通。加上實際的執行採取行動解決問題，總括這些都稱之為發布執行階段。

右腦與左腦交互使用

接下來會詳細的說明有關在情報蒐集階段和發布執行階段中，右腦都扮演著極為重要的角色。另一方面，在研議、分析階段中最為關鍵的就是左腦的邏輯思考。**通常人在動腦時會先從右腦開始再使用左腦再回到右腦的方式，如同三明治那樣「右↓左↓右」的。**接著就各階段做進一步說明。

以右腦為出發點來發現問題

在第一階段的蒐集情報、把握問題、發現課題中，最重要的就是事實確認。當然也可以一邊檢視資料檔案來發現問題。但絕大部分都是從個人的感受為出發點的例子較多。經常親臨現場有時是對員工的士氣，有時是對顧客的行為舉動感到有疑問。可算都屬於右腦的世界。以我的觀點來說，就是利用三種情感觀察、感受、直覺。首先去觀察，再來是去感受，最後利用「總覺得怪怪的不對勁」、「這滿有趣的」的這種直覺。

用左腦來思考解決方案

接下來，在研議、分析階段中從情報蒐集中去發現真正的課題，然後針對這些課題制定解決策略的流程。在一般的工作中被認為是最重要的階段。

因為是分析、考察以及策略、替代方案的評估主幹，所以邏輯思考尤其重要。

理由是為了整理出這些課題必須數據分析、將多數存在的課題之間的大小關係與相關組織結構化，以及確認是否彼此獨立且互無遺漏。而這些都是邏輯思考的教科書中會出現的做法，只要經過一定的訓練大多數的人都能夠變會的。

從決定到執行都以右腦為中心

是否採用在研議、分析階段，所篩選出的替代方案（解決策略），或是在多數的替代方案（解決策略）中選出決定採用哪一個，這種的做決定都是以右腦為中心來做判斷的。或許會認為在研議、分析階段中合理的篩選得到結論，就可以很簡單的做決定。

但是，往往要將所得到的結論直接執行，必須有一些勇氣才能做。

有時反而會猶豫不決、或想選其他的方案等，其中又會有衍生出一些讓人煩惱的問題發

生之類的。（原文注：有關邏輯思考的實踐方法，請參考拙作《假說思考》和《論點思考》〔按：繁體中文版皆由經濟新潮社出版〕）

這些都是由人的右腦所決定的。

在執行階段中，右腦可說是超乎想像的重要。為何這麼說，那是因為人不會因理論而行動，卻會因情感而付諸行動。

因此若要讓人或組織付諸行動，除了要能理解對方的邏輯之外，還必須讓對方在情感上也能接受。

在顧問業界常有一句話說「腹落」（心服口服），而這話是何意呢？意思就是說「不只理論上說服對方，而是讓對方能打從心底接受的狀態」。

而為了能讓對方心服口服，所以首先要去理解對方對於我們希望他們執行的這些案子，是抱著怎樣的想法；這些都是右腦所感受到的世界。

若他們不能心服口服，那到底又是哪裡不能接受呢？要怎麼做才會接受呢？而這就得靠左腦來分析。實際上為了讓他們能心服口服，就必須想辦法在情感上接受，也就是說讓他們能動右腦。

經過這一連串的過程（三階段），人才會真正開始付諸行動。

簡而言之，這一連串過程就是先右腦，之後再左腦，最後又回到右腦。所有的事情要進行時都會遵循「右腦↓左腦↓右腦」的三明治思考模式。

2 如何分別使用右腦和左腦

蒐集階段

「蒐集情報」和「建立假說」可以一起進行

我曾在《假說思考》這本書中提到，為了解決問題常會被要求去試著思考「答案的假說」。像這種從數據資料或分析結果中去找出假說的思考行為，正是用左腦思考的邏輯思考。

而右腦最典型的思考模式，就是沒什麼根據的靈感乍現，所以通常假說都會在這二者之間來做。

若問波士頓顧問公司的顧問們，平時都在什麼情況下建立假說，大部分應該都是在與人對談討論的時候吧。既不是自己想出來的，也不是人家教的。

在談話討論中一邊整理自己的思緒想法，一邊從別人那裡得到一些啟發。最常見就是，當自己的問題意識受到某種刺激或激發突然靈感一來，當下就能建立假說。這並不屬於用左腦邏輯思考所想出的，而是典型的用右腦靈感所想到的。

另外，有一些顧問們則是透過直接問顧客或是訪談建立假說的。

利用直接問顧客的當下邊想會有哪些問題，很自然的從這當中知道自己的假說與對方有哪些交集。因為有時下意識會為了確認問題而提問，有時則是潛意識用自己建立假說的問題來提問，都有可能會有交集。

訪談（現場訪問）也是同樣的道理，為了探究商品銷售業績不佳的原因，時常有直接去到銷售現場巡視的。事先建立假說：銷售業績不理想的原因，是「自家的商品並沒有和競爭對手的商品一樣，陳列在商店的架上販售，所以許多消費者並不知道、不認識商品」才會銷售不佳。然而，實際前往商店觀察陳列，發現自家的商品與競爭對手的商品一樣陳列在架上，即便是如此都仍然輸給競爭對手，這時就必須再重新思考建立的假說出錯，到底什麼地方出了問題。

例如：或許是在架上以外的地方擺了比較多促銷的競爭對手的商品，又或者除了商店之外在藥妝店或名牌暢貨中心之類的地方，是以往自家公司比較沒有機會利用的販售通路在銷售商品也說不定，有太多的可能性了。

像這種從自己的腦海想像或臆測中，抽出一些可能的假說這種思考模式，與其說是一種邏輯，倒更像是一種感受，而這就是所謂的右腦的世界。

聽說豐田汽車公司內部的中心思考模式是一種以「現場、現狀」為主的思考模式。是「解決問題不是去問人，而是去觀察事物的狀況便可知原由」，但個人認為這種解決問題的思考模式有些極端。

有時問現場的人所得到的答案，會與跟他們立場不同的管理者或顧問在現場看到的有所不同，甚至相差甚遠的也有。有時則是顧問在現場蒐集到的情報，與去拜訪詢問客戶公司內部的員工所得到的卻是不同的假說。

【圖表 2-1】雖然將蒐集情報和建立假說分開，其實這二種是混為一體共同進行的。

另外，在邏輯思考的典型代表數據資料分析中，也是會有用到右腦的。

例如：檢視商店平日的銷售日報表時，會發現在特定的日子裡銷售業績會特別地好，仔細思考一下原因，就會想起平日裡在觀察商店的生意狀況時，有幾日會是年輕人相邀一起來買的日子，搞不好業績好與這幾日有關聯，這種就是右腦思考，這會兒開始換成左腦的邏輯思考，就又可以連想到商店的前面不遠處有一家音樂吧。那家音樂吧有演奏的時候銷售的狀況就會比較好，如此一來，所想出的解決的方案便是可以去調查一下那家音樂吧有演奏活動的日期，預先進一些年輕人喜歡的商品擺在店面前或是店的門口要進來的地方，就能增加銷售業績了。

在發現課題上以「差不多這樣」的做法，來發現「總之先這樣做。」

都知道用右腦來發現答案很重要，而用右腦來發現課題亦是同等的重要。當企業或組織內產生很大問題時，極少能事先知道真正的問題出在哪裡的，因為若是能早知道真正問題發生在哪，照理說早就想辦法解決了。

例如：生產階段發生了品質不良的問題，若是原因出在材料不良，理當會要求零件製造商改善或是確保供應商沒問題等。或者是新產品的研發被競爭對手領先超前，造成銷售市場被瓜分了，因為原因就出在產品上，所以解決的方法就是須更致力於研發新的產品。

又或者有時是特定地區的銷售業績驟減，原因出在分店的店長身上，他的領導能力有問題造成與店內員工的不合，發生這種情形時，一是調教分店店長，二是調走原本的店長換新的店長。

然而，經營企業、領導組織難就難在明明知道出了問題，卻不知原因出在哪，或是同時有許多問題發生，卻不知道哪個才是最大的問題所在。即便用邏輯的方法想努力找出答案，卻不見得能找得出來。

面對這種情形只能先建立假說摸索答案，之後再找出問題所在，而要建立假說的答案則必須靠直覺。

就像在解數獨遊戲一樣，先將可能的數字填進去解，或是先把周邊的數字填好來解。用邏輯的方式最後總算找出問題，但終究花了太多的時間。

相反地，最算錯了也沒關係，把認為對的數字直接填進去解，這樣反而會比較快。有種「差不多這樣」的做法。

其實這種做法經常反覆做，時間一久累積一些經驗後，可能遇到問題一下子就能找出正確的答案了。

鎖定真正的課題則屬於下一個階段就是研議、分析的階段。在第一階段中最重要的是發現課題。

研議、分析階段

在這階段主要是以左腦為中心運作。先將課題列出清單後以邏輯的方式將重要與不重要的區分開來，若基準是營業額或是影響收益等可用數據量化的，利用邏輯來處理會比較簡單。

有些是組織上的課題或職場人際關係的問題就比較難用數字數據來呈現，但是可以將其分類或改以問卷及訪問的方式將其數據化。進一步將課題的答案區分為「已了解、已知的」和「不了解、未知的」，也常會將不同的課題以結構化的方式呈現相關程度。這些都是以數字數據和邏輯來做整理的標準模式。

發布執行階段

在做決定時，留意是否有「總覺得怪怪的」的感覺

企業經營中最重要是發現問題、想出解決方案、做決定到最後的執行等，整個都是環環相扣，大到整個社會，小到個人工作處事都是這樣的。**一般都覺得這當中最重要的就是用左腦（也就是靠邏輯）來做決定，但我不以為然。**我認為做決定就如同個人好惡一樣，應該要加入一點個人感覺，像是「感覺這不大妙」、「感覺這應該沒問題」、「感覺這個不錯滿喜歡的」。

當然也有感覺跟邏輯推論出來的結果是一樣的時候，只是時常實際在執行時，會發生「理論上是沒錯，但總覺得怪怪的。」「那個方法好像不大對，應該是這個方法才對。」的情形。所以，要避免因為與邏輯不合就不採用，我個人覺得更應該留意「為何會有那樣的想法？」倘若感覺用理論可以解釋得通，那就表示那感覺是正確的。

若能不斷的將「雖然無法解釋，但我就是有那種感覺。」這種原始本能的感受，放入做決定的要素中，隨著錯誤決定的次數減少，漸漸地做決定的正確率就會慢慢提高。

溝通的最高境界，就是領悟「即使完全按照理論也無法行得通」

在第一章提到，人並非只靠邏輯來工作或處理事情。說得極端一點，針對工作而言，以個人好惡判斷的人，遠比用邏輯思考的人來得多。面對討厭的事情時，人們經常先處理不重要也不緊急的小事，反而應該優先處理的要事擱在一旁，拖到最後才處理。就像人們用餐時，照理來說應該要多吃蔬菜，但卻一直夾魚夾肉。

或是小孩明明應該先讀書或先處理父母交代的要事之後，才可以出去玩，但偏偏就是先跑出去玩。我們只能攤手說：「沒辦法，小孩子嘛。」像是這種情形，理論上都可以解釋得通。

但是，如果是工作，一般都認為必須要符合邏輯理論照常理來做，豈能把個人的好惡、情感帶到工作上，嚴重時甚至影響他人。

然而，不管對人或對事，只要是人都有自己的好惡，想做輕鬆的事而不想做討厭的事，重要的事情總是拖到最後才做。想跟自己喜歡的人一起工作，是一件很理所當然的事。也許有人會覺得這是不按常理：「怎麼可以這樣呢？這不是很怪嗎？」但是，請別忘了「工作由人做」，要了解「人的心態」，這樣事情處理起來才會比較順利。

因此，掌握、了解這些與工作有息息相關的人，例如：客戶、上司、團隊、部屬，或是供應商等這些人，究竟是以什麼的心情在工作，就必須靠右腦來感受，而不是左腦的邏輯思考。

從事經營顧問的工作必須特別留意的一點，就是因時、因人或因地制宜，畢竟有些時候顧客說的話絕對不能照單全收。

案例：有時顧客會很客氣地說：「敝司或敝人若有什麼不對的地方，請不用客氣，儘管說出來。」如果當真，直接當著顧客的面指正出他的錯誤，很有可能就會惹惱對方，讓他們下不了台，甚至惱羞成怒鬧出問題。其實，顧客說那樣的話，多半暗喻：「不要全盤否定我就好，你說什麼我勉強可以接受。」「只要不會威脅到我的地位，你說什麼我勉為其難還能接受。」

我年輕時，曾經在這種事情上吃虧好多次，一開始聽到顧客那樣說，還以為可以直接指正他，結果得罪對方，導致提案也無法順利進行。

但是，我並不是說這樣就無法真正傳遞意思給顧客，我想強調的是，在發言之前，應該要沙盤推演，想一想該怎麼樣表達，比較能讓顧客接受，進而理解我們想說的重點。

執行的技巧在於如何運用情感來驅動

如同前述，人不是因為邏輯而付諸行動的，那麼要讓人付諸行動的就得靠情感，也就是右腦思考。

要推展一些與以往不同的工作、或是挑戰以前沒做過的工作時，通常都會產生一些對以往工作的執著或新工作的不安，經常無法順利進行。就算理論上知道是必須去做的事，卻依然提不起勁去做，還可能質疑這樣做會順利嗎？這種情況下，若是再一味地據理去追問為何不執行，並沒有任何意義的。搞不好就會被當耳邊風，左耳進右耳出的，也有可能會讓對方一直跟你強辯。

所以說這時候就不應該一直用理論（邏輯）去要求，而是應該用情感（右腦）去說動對方。假使，對方無論如何都不願接受改革方案時，與其用邏輯理論去勸說，倒不如曉之以情跟對方說明若不改革，可能風評會愈變愈差。為什麼這麼說呢？

因為人面對即將要做的事都會產生一種不安以及擔憂的情緒，進而猶豫不決遲遲無法付諸行動。所以換個方式去煽動對方的不安，讓對方了解如果不做改變，情況只會愈來愈糟，如此一來這樣對方才會被說動進而接受改變。

3 抓住整體問題而不是個別問題

即使運用邏輯思考，仍找不到「真正課題」時

以下具體的來探討一般商業流程上，從情報蒐集階段到檢討、分析階段的過程中的「發現課題、解決課題」時，右腦又是如何地運作的。

以逐年營業額下滑的食品製造商的員工為例子。

食品業就整體而言可說是需求停滯的成熟市場。但其中還是有像 A 公司一樣營業額仍逐年成長的公司，也有像自家公司一樣逐年下滑欲振乏力的公司。

商品類別大致上都大同小異，從消費者的角度來看的品牌競爭力也沒有相差太遠。就好

比三得利（Suntory）、麒麟啤酒（KIRIN）、朝日啤酒（Asahi Breweries）等公司知名度也沒什麼多大的差別，商品的市場價格也都幾乎相差無幾，硬是要說差在哪？只有一個就是銷售通路。

A公司很早就用便利超商來當銷售通路，只不過自家公司的主力通路是以超市為主。不過，最近這幾年也開始把重心放在便利超商的通路上，更致力於便利超商的商品開發，所以逐漸拉近了與其他公司之間的通路差距。還有其他不同的地方就是自家公司的商品在長期暢銷深受一般家庭喜愛的商品中，還是比較占有優勢也擅長做在商店的銷售促銷活動。

相對地，A公司則致力於新商品的開發，每年推出許多新的商品，每推出新商品的同時又投入大量的電視媒體宣傳廣告。（【圖表 2-2】）

若要用左腦的邏輯方式從「商品」、「容量」、「價格」……等一堆的當中去找真正原因，通常不容易找得到。可以分析比較商品的競爭力勝負優劣，或做消費者市場調查，大容量包裝和小容量哪一種比較受歡迎。在進行這些時，會突然想到會不會問題是出在商品的行銷策略與通路的行銷策略兩者並不恰當。

這麼一來就曉得問題不是出在個別的一個一個的問題上，而是沒有整合。

【圖表 2-2】 與競爭對手的行銷策略比較

	自家公司	競爭對手 A 公司
商品	以現有商品為主	致力於新商品的開發
容量	家庭號大容量	小容量包裝為主
價格	300 日圓	100 至 200 日圓
1 公克的單價	低	高
行銷宣傳	銷售業務做促銷	電視廣告為主
主要通路	超市	超市和便利超商

以往自家公司的銷售通路是以超市為主，然而把用在超市上的行銷策略，一樣用在便利超商上，恐怕就不大恰當了。

如果像這種或許問題是出在整體上的時候，用邏輯思考往往是無法想出答案的，必須平日常磨練直覺才能聯想得到這些。方法會在第六章中說明。

試著用「差不多」的解決方式建立假說

以這個食品公司的例子來說，解決對策並不是商品、通路、宣傳一個個解決，而是要以全盤的整合規畫策略才行得通。

首先應該要「重新規畫日益成長的便利商店

通路」。再者，與其用邏輯理論思考這些規畫，還倒不如用「差不多、大致上」的做法建立假說，反而比較快。

除了必須要有新的商品之外，連促銷的方式也都必須要有所創新才行。大家都說要將商品擺在便利超商販售，就必須要有「電視廣告」來促銷才行，真是這樣嗎？用以往傳統的促銷活動不行嗎？真的不管「賣好、賣不好」都必須要投入大量廣告費做電視媒體宣傳活動嗎？

那些廣告經費成本怎麼辦呢？打哪來呢？這些個別的一項項對策就交由左腦來想。

再來就是得想辦法讓「一直以來主打的銷售通路超市的銷售業績更加成長」，一般家庭為主要客群的長期暢銷商品隨著生活方式的改變，年齡結構上的高齡化及世代交替的喜好變化，舊款商品的愛好者會愈來愈少。為了因應這種變化，必須在長期暢銷商品上漸漸做一些新花樣的改變，或挑戰一些新的暢銷商品。

同時把商品宣傳從以往的傳統營業員的促銷活動，改成利用派遣人力來做現場試吃的促銷，應該會產生許多的解決方案的假說才是。諸如這些個別的問題對策評估等，都是用左腦來思考的。

4 做決定的關鍵在於直覺

工作的發布執行階段中的做決定想必以邏輯思考的人為多吧。比方現在有眾多的選項用邏輯分析思考後只剩下 A 案和 B 案。不用說也知道，真正的職場與在學校只學習數字上的表面分析是截然不同的，那是一個沒有絕對正確答案的世界。**太多決定沒有標準答案，有時從某種角度來考量覺得 A 案不錯。有時從另一個角度又覺得 B 案也很好，需要權衡折衷選擇的。**

而決定這些的有時候不見得是用理論而是用直覺，但也不是瞎矇、隨便感覺的。而是仰賴經驗累積後成功率高的直覺。

之前曾從辦公室事務用品網售大廠愛速客樂（Askul）的社長岩田彰一郎先生那聽說過一些事。

愛速客樂原本只是文具製造商普樂司（Plus）公司內分出來的新創事業，因此在創業初期只賣普樂司的產品或是自家的東西，常會有顧客問說為何不賣別家的東西呢？當時也只會漠視顧客問題，轉推薦類似的自家製造的商品。

顧客當下雖然被說服買了商品，但下次就不會再來光顧了。

所以那時岩田社長就想「那我們也來賣別家的東西」，雖說公司是普樂司的子公司，不應該賣別家競爭對手的商品，但只要能滿足顧客的需求，做為網路電商這樣做也是應該的。

想當然最開始也有遭到母公司普樂司的強力反對，但堅持站在顧客的立場來貫策經營理念的想法勝出，最終還是決定要賣別家公司的商品。這個決定雖然讓母公司的商品銷售額占整體營業額的比例下滑了，但總銷售額卻大幅成長甚至連帶的母公司的商品銷售也比以往還要來得好。

雖說決定事情時能靠直覺是很重要的，倘若只憑直覺，真的可以嗎？所以，在實際做決定時，最好能再利用別種方法角度，進一步驗證憑直覺想出來的方案會比較好。

比方「以直覺所選出的方案」相較於「不是以直覺所選出的方案」，究竟其後的進展會有何不同？或是直覺討厭的人事物，又為何會覺得討厭？從多方面切入探討，然後與自己過去的經驗（成功的經驗、失敗的經驗）互相對照比較。又或者想一想，自家公司的案例在其他別的業界，是否也有類似相同的案例。

5 用在會議、議題的管理

有人反駁之前決議的因應四步驟

發布執行階段最需要的能力，就是會議、議題的管理。這樣的管理能力並非只有會議主持人具備，做為提案者出席會議時一樣也需要的。在會議上針對提案提出反對意見的人，發表一些跟會議無關的言論的人，另外，把之前已決事項又提出來說的人，這些都大有人在。要應付這些人，就得靠右腦來處理。

應付這些人，再怎麼以邏輯的方式跟他們說，也說不通，也說服不了他們。有些企業層峰或主管常會這樣做，所以種下禍根。為何這樣說呢？因為表面上看似被說服，可是實際上他們並不這麼認為，只是不知道該怎麼反駁而已，心底還是存疑，不認為這種做法是對的，以至於演變到後來的執行階段，就變得不容易順利進行。

另一方面，不擅長說道理的人，或立場處於下位的人，就算能照著道理闡述意見，應付這些人也會感覺好像有些道理說不通，以下來看一些常見的發言。

「連這個都不懂嗎？」

「肯定行不通。」

「好，全都交給我來辦。」

「那案子如果通過，我就不幹了。」

「我不覺得會順利。」

面對這種情況，切記，千萬不要馬上據理力爭。在反駁之前，先照著下列的四個步驟來討論或商議比較好。

步驟① 先用左腦（邏輯思考）去理解字面上的意思
步驟② 用右腦（直覺）抓住弦外之音
步驟③ 用右腦（直覺）去理解什麼問題該怎麼樣回答
步驟④ 用左腦（邏輯思考）去想該怎麼樣傳達比較好

步驟① 先用左腦（邏輯思考）去理解字面上的意思

去理解發言者發言內容字面上的意義。是比較容易做到的，不要以先入為主的觀念去理解，而是客觀的去理解發言的內容。有些人會長篇大論，話題跳來跳去的而不自知，其實只須先客觀地理解一下他的發言到底是什麼意思就好。

例如：某個案子被反對，而反對的是案子本身呢？還是對案子本身並不反對，只是想表達一些憂慮擔心的事，而這些擔憂的事情如果沒有先解決，覺得無法繼續下去而提出來說。所以只須先從字面文法上去理解知道他到底在說啥就好。在這階段中還不知道其內心真正的想法。

步驟② 用右腦（直覺）抓住弦外之音

來說一個由潛能開發的專家本間正人先生跟我說的事例。

有一次先生喝酒晚歸，一進家門，太太就問他：「你知道現在幾點了嗎？」他照實回答說：「現在凌晨一點呀。」太太火冒三丈：「放著整個家都不顧，玩到現在才回來，到底跑哪去了？實在很讓人生氣。」從這個生活小插曲可以發現，人們的發言除了字面上的意思以外，常常包含其他的意思。

工作上也是常發生同樣的事情，有時發言後會被說：「不愧是內田老弟，說得真好。」若真的就字面上信以為真，結果會很慘的。

有時這可能是一種反諷「嘴上無毛卻很狂妄」的暗示。

有的情況是對我們的提案回覆說：「還不到位，再做詳細一點。如果可以，請修正之後再重新提案。」其實就是意味著「我不喜歡這個提案」。

即便追問「哪些是可以的？」「哪些是不好的需要修正的？」對方也不會把真正的原因告訴我們。若發言者自己察覺那還算好，但絕大多數發言者自己並沒有意識到這種情況，所以發言者一句話背後「真正的意思」，即使問了也不會告訴我們。

這麼一來，只能自己去推敲對方言下之意或弦外之音，若能應付得當，對話也會順利，也能讓對方感到滿足。

步驟③ 用右腦去理解什麼樣的問題該用什麼樣的回答

這個階段，就是想辦法讓對方了解。

「還不到位，再做詳細一點。如果可以，請修正之後再重新提案。」以此為例說明。其實真正的意思是「理論有被說服，但情感尚未被說服」所以不管理論邏輯說得再好都沒什麼用。這種情形時、**就不是用理論邏輯去說服對方，而是要想辦法站在對方的立場去尊重對方的想法，想辦法傳達些訊息安撫不安的思緒才可以**。另一方面，如果「對於提出的方案，就理論上不是很贊同」，就得用左腦好好的整理出一套理論來說服，若用情感來試圖說服，反而適得其反。有以上的二種作戰方式。

步驟④ 用左腦（邏輯思考）去想該怎麼傳達比較好

先去理解對方的心情再決定該如何回答，也必須預先想該用何種方式傳達。用左腦以邏輯式的言詞、文章來清楚表達自己要傳達的「真正的意圖」才是最為基本的。當然也可以適時地加入一些情感來表達或僅是淡淡述說也可以。又或者是當場即問即答、問了後隔一段時間再回答、會議結束後找個時間再回答，這也是決定答案要如何表達的階段，自然而然就會知道該如何表達了。

遭人指責「分析不夠深入」時，該如何因應？

以在會議、討論議論中常聽到的發言為例，來看看具體該怎麼做才能掌控情形。例如：

在會議中討論有關新產品的發表提案，卻有人發言：

「我知道您想說的意思，但覺得第三項的資料有關競爭對手的分析，做得不夠詳盡，競爭對手也有可能推出類似相同的產品，不是嗎？」

面對這種情形「①先用左腦（邏輯思考）去理解字面上是何意」這個還不算太難，但「②

用右腦（直覺）抓住弦外之音」就必須小心謹慎，可能有以下四種情形發生：

A雞蛋裡挑骨頭，刻意找麻煩；這也是四種情形之中發生最多的一種，因為不喜歡這項提案，但又不好當面說破。

B自認比別人聰明優秀，故意提出其他與會者都沒發現的旁枝末節刁難對方。

C有一種人常在會議上發表不相干的意見或問題，讓人反感，自己卻不自知，還認為自己很有貢獻，一直發言或提問。

D雖然贊成這項提案，也希望能執行，但仍然有些憂心，所以想順便問一下競爭對手的狀況如何。

A的情形可以用邏輯的方式反駁：「為何您會這麼說呢？之前都充分地討論過了，有關競爭對手的部分都已討論過了，如上次會議中所做的說明，若不放心，要不然再重新分析一次好了。」如果發言者是做決定的關鍵人物，可以這樣回他：「您說得很對，我們已經針對競爭做了全盤的調查與分析，要不然，我再跟您說明解釋一次。」讓他能充分理解。

B的情形最直接的對應方式就是：「真是高見，但針對您說的那一點，已做十分詳細的討論了，若有必要，是否需要再跟您重新說明。」

C的情形如果太認真回應，可能會浪費時間；倘若隨便應付，又會被別人嘲笑「連答都答不好」。所以最佳的方式就是：「這個問題跟主題無關，請繼續下一個議題。」直接把問題甩掉不理會。倘若發言者是這個議題的主要決策者，可說是所有相關者的不幸。這時要顧慮的就不是這位發言者的心情，而是全體的心情。

D的情形因為一樣是贊同提案的人，所以要慎重的對應才是：「您說得是，請問您對哪個部分不了解？是否可以讓我知道呢？」一步步消除對方的不安，讓對方覺得我們是站在同樣的立場要來做這件事。

在對方快要說完時，先想好「要傳達的內容」

不能在每個步驟花太多時間，最理想的就是把握對方話快要說完時，就已經進入到步驟③，因此平日做這樣的思考方式練習，才能日益精進。

感覺對方話快要說完時就得趕快回應，就像先生喝酒晚歸時，太太問：「你知道現在幾點了嗎？」如果先生沒有像上述的情形一樣去對應，很可能又會自找罪受。以我來看，步驟②就已相當的震怒了，用步驟③來對應是行不通的，先生只能低頭一直道歉。最後用步驟④「對不起，下次不會了。」或是「對不起，下次如果我晚回來，我會事先打電話跟妳說一聲。」

6 訴求「變更的必要」

消除不安、不滿，給予安心感

繼續以會議的情形來做解說，就以改革剛開始的例子來說，是屬於發布執行階段，也就是從溝通對話轉而實際執行的階段。

例如：工廠裡的生產線上為了將少品項做大量生產，所以就只好將生產線的作業速度加快。

主要因公司的策略轉換為了對應顧客多樣化的需求，盡可能同一條生產線上大量生產不同的產品，這例子就是與以往的生產線大不相同。從習慣了傳統的生產線的作業員的角度來看，一定會對新的生產方式產生一些擔憂和不安的情緒。

而且生產線上不同的產品接二連三的不停轉過來，也會讓作業員一直處於情緒緊張的狀態，漸漸覺得神經耗弱吧。或許會覺得自己能否順利上手應付呢？這不是變相增加工作嗎？那麼之前努力地學，好不容易才上手習慣的作業方式，不就都白費工夫了。

作為工廠現場的管理者也認為生產線上若同一種產品大量生產，那麼在計算效率上也會比較簡單，一個小時看生產製造多少？或是要算出不良率也馬上就能計算出來，跟之前的產品比較容易做比較。

- 新的做法真的能比較有效率嗎？
- 同一條生產線製造不同的產品，作業員們真的能應付的來嗎？
- 倘若因為作業員不熟悉的這樣的模式造成作業常常做到一半而中止，就會很困擾，甚至有可能造成更多的不良品。

因為諸多的不安與不滿以及執著於維持現狀的結果，讓總公司與本部決定的新策略無法執行的很順利。或者是遭遇到始料未及的現場作業的不願配合的狀況發生。所以應該要怎麼樣去說明才能化解這些疑慮呢？

波士頓顧問公司的企業改造要件有所謂的RWA三點。簡單的來說，當組織要改革時若沒有具備好三個要件，組織是很難真正地改革的。R是Ready的縮寫，意指是否已經充分了解到組織需要改革的理由，或者說組織為何需要改革？

W是Willingness的縮寫，意指組織或個人有想改革的意願。最後的A是Ability的縮寫，意指是否有能力來進行組織改革。

回歸到正題，首先在組織改革前必須要很清楚地了解到這三項要件中，哪一個是會構成阻礙的。

也就是說得先了解到組織改革的必要，知道得做什麼樣的改革，有沒有想改革的心，有具備了改革的能力了嗎？這三個要件很重要。

若都不了解改革必須要做什麼，這樣根本無法進行的順利，所以事前的說明與會議討論相當的重要。

如果無心想改革，就算能力再好、計畫多棒，終究無法進展的很順利的。

這時最重要的便是明確地找出為何會無心改革，方法就是用右腦努力的去觀察、對談、想像等，來找出真正的原因。

另一種情形是有心想改革，也有很棒的計畫，但因為能力不足無法進行改革。假如是這種情況，只要加強改革所需的能力或者可以請人協助幫忙就可以。這也是透過觀察、對談來判斷出組織的能力如何，不足的經營資源再加以補充便可。而這些需補充的資源再由左腦用邏輯思考的方式想出來。

如之前一再地強調說，人是無法靠邏輯就付諸行動的。

宣揚改革的好處，讓人充滿期待

其實就算消除了不安也未必就會行動。所以與其消極的去消除面對改革的不安，倒不如更積極的給予改革的新希望。

為何工廠的生產線需要改革呢？與其說已經都想好萬全的對策了不必擔心之類。倒不如說，往好的方面想，這樣一來，生產線的作業也不會再像以前那樣枯燥乏味，反而可以變得更有趣些了之類的話。

以往的生產線類型就是單調作業，可以對那些不滿單調作業的人，說明改革後的新的生產模式是可以多樣有變化的，且各自還能變換不同的心思去做生產作業。

還可以對那些在收入上比較不安的人，說明改革後新的生產模式，不但能提昇工產的生產力，公司賺錢了相對地就可能有加薪、升遷的機會。

7 總是無法執行時，該怎麼辦呢？

如何打開「幹勁的開關」呢？

一般人即便知道得照邏輯理論去進行，但有時候就還是會提不起勁不想去做，拖拖拉拉的。就像校小孩子的暑假作業或是整理自己凌亂的房間是一樣的道理。

這時如果只不問情由地罵「為什麼不寫作業呢？」「不是跟你說過玩具玩完之後，一定要收拾好物歸原位的嗎？」

有時候反而會引起反效果，這道理想必大家都知道的。

曾經將因為偏差值太低而排不上補習班的學校排名榜的品川女子學院，成功轉型為人氣名校的漆紫穗子校長（現為理事長）的著作中有敘述到下面幾段話。

曾有家長到學校來詢問說「我家的孩子總是一副無精打采的，一點幹勁都沒有，要怎麼做才好呢？」

這時我就反問家長說「真的是三百六十五天，二十四小時都一副無精打采的樣子嗎？」那時家長回「聽您這麼一說，好像比較熱中於課外活動，不管什麼狀況都沒聽他說不想去。」

平日裡跟孩子相處久了發現不管是什麼樣的孩子，總會有「想做事的電源開關」打開的時候，只是家長剛好是看到沒打開的時候罷了。

換句話說，父母不過都只是沒看到小孩「想做事的電源開關」打開時的狀況罷了。

（摘自漆紫穗子《培育未來充滿光輝的女孩》〔女の子の未来が輝く子育て〕頁四五）

其實不僅是孩子，大人也常常會有這種情形。比如打掃房間或廁所、洗衣服、洗東西之類的，常常會一拖再拖的。更何況是那些房間的壁紙髒了要重新貼換，真不到最後不得已因為有客人會來訪時才會有所以動作吧。而且同樣的若是被先生或太太催促，反而會更不想去執行。幾乎大家都有共同的通病。

工作上也會有不想做事的時候。尤其是在寫會議或出差報告、整理費用收據等的時候。還有些是重要時刻提不起勁的，譬如：明知做為業務必須要拜訪更多的客戶，或是必須去想辦法說服那些反對專案的其他部門的人。

工作上不能帶有私人情緒，不能有個人喜好，雖沒有人提醒指導但大家都這麼覺得。不想做的工作就不想做，僅是表面上不說，但行動上總是能拖就拖的。工作結束後去居酒屋邊喝酒邊抱怨公司不好、上司刁難、抒發心情的一堆。

「會做、想做、不用擔心」的各種開關

要讓對任何事都提不起勁的孩子，讀書或是整理打掃房間時，有時可以給予一些獎勵。譬如：給一些零食以及一直想要的玩具等，但這種方法通常只是一時的，無法長久。這樣做一次二次還可以，常常這樣做搞不好會引起反效果，因為一旦不再給零食或買玩具給他們，

他們就不行動了。這種方法並不是治本之道。若他們自己不能自動自發地想讀書或對內容有興趣，根本就沒有用。

所以教育孩子最好的方式並不是一味地跟他說「不讀書，將來無法出人頭地，別像爸爸一樣沒出息」，而是試著站在孩子的立場角度，讓他們了解這些都是他們自己的事。

就像對著喜歡運動不愛讀書的孩子來說，做為一位運動選手應該要有某種程度的教養，或是對商業有些了解，會比較容易出名。以日本國家足球代表隊的隊長長谷部誠選手，以及活躍於義大利及土耳其的長有佑都選手的例子來做說明。他們不單是出色的運動員，同時也都相當受到隊員們的尊敬。

想做事的電源開關因人而異，打開時間和地點都不同。而打開的理由也不同，所以必須個別對應。有的孩子以成為班上第一名為努力目標，有些女孩、男孩則以成為班上的人氣王為努力目標，也有些孩子比較喜歡一點一滴腳踏實地努力，甚至還有些孩子樂在其中、耍小聰明只要有結果出來就滿足。

總之就是面對各種不同類型，去對應他們讓他們能提起勁來。很少有孩子能明確的有自知之明，能說的符合邏輯的，所以只有將右腦全開的方式去觀察，孩子都在意些什麼事，去問一問孩子們才能真正看出端倪。

接下來，轉開話題來探討用運動來開發孩子潛能的厲害教練所使用的技巧。

蟬聯箱根驛站接力賽四連霸（二〇一五至二〇一八年）的青山學院大學的原晉總教練就是一個代表的例子。「東洋經濟學直播站」的網頁上二〇一七年一月四日有篇文章是這樣寫的。

二〇一五年是「雀躍興奮大作戰」，二〇一六是「快樂大作戰」，今年的作戰名稱是「感謝（三九〔Thank you 的日式英文發音〕）大作戰」，口號的意思是懷著感謝的心情參加接力賽改為新體制後的第九次參賽，希望能達成三連霸。

能想出這樣標語的人，不愧是一位總是知道如何振奮人心、激發幹勁的總教練。工作也是同樣的情形，有時會誤以為對方會照著所指示的去做，或者對方沒照著去做時會感到不耐煩。有時候覺得「不想跟這樣的人一起工作，為什麼公司會有這種人？」之類的想法，其實是不對的。

應該要試著觀察對方，看看是否因為「想做事的開關」還沒打開，才提不起勁。

倘若現在想做事的電源開關是關上的，那麼應該冷靜思考，該怎麼做才能讓開關打開才是。有些人計較金錢，有些人很在意名譽、聲望。如果執著於輸贏的人居多，可以考慮在工作中加入遊戲與競爭的要素，或許可以激勵他們來做。為了讓對方的右腦動起來，勢必得先讓自己的右腦全開，認真觀察對方，去想「該用什麼方式說才好」。

8 右腦和左腦的三明治結構

左腦先？還是右腦先？

我常會被問到一般工作時都是先用左腦邏輯思考後，有需要時再利用右腦的呢？還是相反地先用右腦思考後，再用左腦來確認是否合乎邏輯的呢？下面舉幾個例子來說明。

突然想到一些有趣、有意思的點子主意時，要直接就用在事業計畫上通常都不容易。真的會有市場嗎？消費者會用多少錢來買呢？自家公司是否有能力能生產製造呢？通路要怎麼做呢？需要宣傳嗎？收益能平衡嗎？要考慮的是一堆。而這些基本上都是用左腦來想的，意思就是主意由右腦想出來之後，再由左腦將內容具體化，也就是說順序是右腦↓左腦。

而用左腦將事業計畫具體化後就直接來召開經營會議，而跳過事前準備的這一階段，通常都碰到一些阻礙無法順利進行。必須得預先想像可能會遇到什麼樣的問題，有哪些人可能會採取什麼樣的態度？也可能會有什麼樣的反對理由？

若有必要，先去周旋一下。把這些一連串的作業，都跟自己能信賴的團隊一起進行討論；這些都屬於右腦為中心的思考。

真希望企畫部門的人能在制定中期事業計畫時，事先在腦子假想一下的過程可能發生的情形，常聽說企畫部門所定的事業計畫對實際現場執行的人來說，根本就是「紙上談兵式畫大餅」，或者變相加重負擔而造成無法順利進行。

所以應該要先把剛制定好的中期計畫放到現場去試一下，看看哪邊不妥，哪裡可會有問題。在得到現場的反饋意見後，可能覺得不得要領或邏輯上有點怪，這些都必須用右腦去感受。而且得讓他們覺得這麼做都是為他們自己，而不是由上面強迫他們去做的。或是能讓他們感到興奮的計畫才行，這也是右腦式的思考過程。左腦想出的邏輯方案交由右腦來確認增加具體內容。

話說當經營高層或組織領導者要達成某些計畫時，又是何種情形呢？

組織領導者用邏輯制定計畫再以邏輯說明，這樣組織是無法進步的。一定要將為何需要這麼做？為何非得自己來做不可？若成功了會有多好？都要清楚地告訴他們讓他們真的由衷的想做才行。換句話說，就是先訴諸情感，然後再有技巧的用邏輯的方式做說明，這才能讓執行時有成效的手法。

思考的交互傳接球

我的論點就是人用於商業上的思考模式就是右腦和左腦的傳接球方式，也就是說右腦與左腦之間一來一往進行工作。請回想一下【圖表 2-1】一般為了發布執行，首先會情報蒐集其次是研議、分析，最後才到發布執行。在每個階段裡右腦、左腦、右腦都分別發揮作用。（【圖表 2-3】）

【圖表 2-3】 右腦和左腦的三明治結構

	第一階段	第二階段	第三階段
	情報蒐集（輸入）	研議・分析	發布執行（輸出）
工作順序	● 情報蒐集 ● 建立假說 ● 發現課題	● 鎖定真正課題 ● 分析 ● 課題的結構化 ● 篩選替代方案	● 做決定 ● 溝通 ● 執行
思考	右腦（觀察・感受・直覺）	工作的順序（邏輯）	右腦（心服口服、同理心）

① 情報蒐集

首先情報蒐集，這個過程通常必須要活用五感。觀察事物、異狀、感覺有趣的事，將再結果當成課題的假說。因狀況不同，有時想到什麼也可把它暫時當成解決的方案。雖說讀取數據的左腦固然重要，但從數據上要如何解讀就是憑感受，也就是右腦的世界了。

② 研議・分析階段

以蒐集的情報為基礎鎖定了真正的課題，想出解決的對策。課題若很複雜，可以把它結構化，也需要有能驗證假說的流程。這些都是要用左腦也是情報處理的過程。

③發布執行

導出結論後，還要讓人「心服口服」落實執行。雖然結論也可以用左腦來決定，但之後要讓團隊、組織或顧客動起來，以右腦為主來思考會比較好。

特別是尚無法確定不透明的、差不多的也都是由右腦所決定。會在下一章詳細解說。

優秀的管理顧問，不會從「左腦」開始

在那之前先說一下因為常有人問說「左腦先？還是右腦先？」以下是我對這問題的看法。

「優秀的顧問不會突然端出框架」

我並不建議一開始用左腦分析直接做簡報，我都是用右腦先開始的。

第三章

先用右腦想，再用左腦邏輯做確認

1 右腦思考的第一步，就是珍惜「喜歡、討厭」等直覺

在第二章，筆者分別闡述有關右腦和左腦，在對應工作的順序和工作的種類上，所扮演的角色。

事實上，頭腦的使用方式並不是那麼單純。不論是過程中、或某一項工作中，右腦和左腦之間一來一往進行著「思考的傳接球」。若這中間有什麼進行不順利或缺少什麼，思考就會陷入迷失的狀態。

因此，每個階段不管是先由右腦想到的再由左腦確認，或相反由左腦想的再借助右腦的力量進行的這些作業，都非常的重要。

確認「有趣」、「能否成為工作」

一般來說，自己私底下覺得有趣的事，然後用自己擁有的資源在一定的規範下執行，都沒什麼問題。但在工作上，不大可能這樣隨心所欲。

如果是工作，就必須去考慮符不符合邏輯思考、方案可不可行？還需要些什麼？仔細的思考過後才能提案和執行。

但我認為，**即便是工作也得先有「好想做！」的想法才好**。

對於自己喜歡和想要的事通常都會努力去做，而那些被要求或被指派的事就提不起勁去做，這是人之常情。換句話說，工作最好還是能抱著像在「做喜歡的事」或「想做的事」那般的心情來做會比較好。

然而，自己想做的事對組織而言，是否也是應該做的事？或者對其他人而言也是想做的事。因此當把自己覺得有趣想要去做的事都轉換成工作時，又會需要怎麼樣的條件呢？預先用左腦去思考一下再進入驗證階段。

舉個例子，目前世界上最大的拍賣購物網站就是 eBay 是由皮埃爾・歐米迪亞（Pierre

Omidyar）所創的，為了幫助自己的未婚妻交換一些倍滋糖果（PEZ Candy）的玩具，原本的用意是「以物易物、延續物命」。

也就是說，當初是想如果有這樣的網站那是最好，倘若沒有就自己架站，並不是一開始就把它當成一個事業計畫。沒料到一開站就大受歡迎，遠遠超出原本想像。漸漸地，也開始想說倘若收費，參加者人數減少單靠興趣真能持續下去嗎？最初因為是興趣而不是商業，所以左腦所做的判斷就比較有趣些。只是後來實際執行後，發現愈來愈多人有這方面實際需求，而把它當成一項事業來展開。這麼一段創業故事，說明興趣有時可以轉變成事業。更特別的是，眾所皆知他從一開始創業就已經開始獲利賺錢。

從創業初就能開始獲利賺錢的商業模式，是從右腦開始突發起想再經過右腦和左腦互相傳接球式的思考交換震盪下，所產生出來的結果真是滿有趣的。

討厭的事做不長久

在執行的時候，如果遇到自己不大想去做的事時，通常都會不順利。而且一般在執行一些新的事物時，時常都會碰到一些出乎意料的狀況。倘若其中有自己想做的事，或許還可以忍耐或設法執行，勉強還能順利進行。

倘若碰到自己原本一開始就反對或存疑的情況下要執行，一旦有狀況，就會變得更不想去做也無法忍耐，這些都是人之常情。

所以，不論是要挑戰新事物或是改革新事物，都必須得先說服自己覺得不錯才行。即便邏輯上規畫得多好，若覺得有些不妥之處，一定要追根究柢根本的原因。

當自己提案而上司不認同時，或是部屬提案而自己不認同時，即便邏輯規畫得多好，依然還是要多注意才好。如果可以，最好先醞釀能驅動對方右腦情感的認同感。

要重視「直覺怪怪的」理由

通常比較多的情形，就是看著提案或企畫書若有「總覺得怪怪的」或「不大喜歡」的感覺時，那個案子還是放棄比較好。

通常提出收購案的部門，因為一心想著要併購，所以做出來的收購計畫書都會相當完美。投資銀行與會計事務所則基於仲介的角色，因為要支援收購案，所以提出來的收購計畫書更是無可挑剔；這些計畫書都稱得上是左腦思考的結晶。

但是，對於收購案有決定權的你而言，倘若「總覺得哪裡怪怪的」，雖然說不出究竟是什麼原因，但總覺得不喜歡、不對勁，或是無法接受，最好還是放棄會比較保險。

雖然無法具體說出來是什麼原因，但是依照過去累積的經驗「總覺得哪裡怪怪的」，若有這種情形，一定要好好想一想「究竟是哪裡怪怪的」。尤其當這個收購案賣方要賣公司的動機不明確時，為何經營得好好的公司要賣掉呢？如果營運狀況真的沒問題，應該沒有賣掉的必要才是，倘若不能得到能說服自己的理由，這項收購案最好還放棄，避免日後真的發生問題。

用左腦確認直覺

當然，倘若自己是個經營者，一旦有「怪怪的」感覺時，就以這樣的感覺來判斷就好。倘若是公司員工的提案，身為主管覺得「怪怪的」，就不要通過。

身為一位職場人，倘若有些事情直覺上感到「怪怪的」，一定要能簡單明瞭的用詞，解釋給其他不懂的人了解。所以一定要自己先想過一遍，究竟是哪裡讓自己不滿意。

有調查結果顯示，不景氣時提高新商品的價格，很可能造成商品賣不出去，所以有人提議新商品還是比照目前的價格來銷售就好。

但你卻認為，新商品應該比目前的商品再高出三成的價格來銷售會比較好，只是無法得到大家的贊同。可以試著先思考，倘若新商品比照目前商品的價格銷售，結果會怎麼樣？接著思考，如果比目前商品高出三成的價格銷售，結果又會怎樣？

如果不漲價，就沒有利潤，市場投資經濟效益不大。變成只是在跟競爭對手做市場爭奪消耗戰而已，獲利不多。另一方面，倘若將新產品價格提高三成，雖然無法受廣大消費者青睞，但是，卻可受到某些特定金字塔頂端的消費族群所喜歡，還是有一定的市場。像這樣的找出佐證自己想法的證據與論點之後，再提案就比較可能為人所接受。

據理論述右腦「對提案說『不』」的感覺

有時自己是個決策者，針對部屬或對方企業提案內容，雖沒有挑剔什麼，但總覺得不是很滿意。

案例：部門裡部屬提出了一個事業提案。

年輕的部屬提出的新事業提案是只限女性的居酒屋；在女性也普遍會喝酒的現代社會，倘若能開一家讓女性安心喝酒的居酒屋，一定會「帶動流行風潮」。不只是男性，女性對工作也是會有滿腹牢騷想發洩的時候，只是去那些普通的餐廳，或是一般有男性的居酒屋，根本無法好好發洩。能有一間裝潢不錯，而且化妝室還有女性專用能夠補妝的包廂，料理也不油膩，像是義大利料理或日式料理等健康養生的居酒屋。女性即使喝醉也不必擔心，可以放心暢飲；最重要的是，因為全部都是女性，所以放鬆心情開懷喝酒。

而且這個提案的市場調查和消費者問卷的結果也都很不錯，只不過你就是覺得「哪裡怪怪的」，倘若就直接說不滿意，怕部屬們會覺得自己根本就不了解年輕人和女性的心情，或遭到誤解說是自己不想做新的事物才會反對。這時候，就應該將右腦所感應到的警訊，看如何運用左腦好好解釋。

為何女性會想去居酒屋喝酒？真的只想跟女性一起喝酒嗎？如果只是這樣，只要去義大利餐廳用餐喝紅酒，不是更能放鬆心情嗎？事實上，會去居酒屋喝酒的人都是抱著「想喝醉」的心態，不是嗎？抱著這種心態，與其去那些裝潢美氣氛佳的店，倒不如去肯定有人喝醉的居酒屋喝酒，不是比較容易醉嗎？況且，現在有很多的居酒屋都是有包廂或半包廂，可以隔開其他男客；甚至實際上根本沒有那麼多的女性相約喝酒。

如此推論，就知道只限女性的居酒屋，其實並沒有那麼多的顧客需求。也就是說，右腦所感應的「不」，可以用左腦來據理論述分析。

「你（某人）的意見」這樣的想法是危險的

前英特爾日本分公司（Intel Japan）社長西岡郁夫，曾說過一件有趣的事情。他們公司內部禁止用「你的意見」或「某人的意見」的字眼，只准說「那個意見」。為何有這樣的社規呢？因為當反對或批評某個意見時，明明只是「對事不對人」，卻像是針對你或某人的反對和批判，甚至演變成「對人不對事」，讓當事人覺得遭到否定，導致氣氛很僵。如此一來，大家都不敢說出真正的意見以免受人攻擊。為了避免類似這樣的情形發生，因此將個人與意見區隔開來，而有這樣的社規。

這真的是很獨到的想法。

為何會這麼說呢？雖說要重視個人好惡的感覺，但平常對事物的好惡以及對意見計畫的好惡，必須清楚區分，這一點很重要。對某個提案不滿意、不喜歡時，首先要捫心自問「為何會這樣呢？」如果不滿意的是提案本身而不是提案者，可以用本章節所提議的視線角度重新檢視即可。如果原本就不喜歡提案者，那就必須放下個人好惡而針對提案本身檢視。將提案用邏輯的方式來檢視看看，如果覺得是提案很好，或許就會採用接受也說不一定。

然而，即便是很好的提案，倘若因為提案者的緣故，造成提案本身不被接受，之後在執行過程中仍會受阻不順利。這樣一來，維持反對的意見即可。

2 靈感落實於策略

用邏輯充實靈感的內容

因為工作的關係，讓我時常會接觸到許多優秀且善於規畫策略的經營者，我發現這些經營者的類型，都不是以邏輯思考來提出結論的人。問他們當初為何會有這麼奇怪的想法？甚至有的根本是超乎邏輯理論範圍的想法。

經過幾次的會面之後，漸漸地對於之前我所提出的疑問，在他們的思緒中發生變化，原本無法用邏輯解釋的，也漸漸地能夠說明出來。到最後還能讓人有「原來如此」的感覺，成功地將最初靈光一現的想法說成符合邏輯的計畫，這點倒讓人覺得滿驚訝的。像ＨＩＳ

（按：日本的一家旅行社）的澤田秀雄社長就是這一類型的人物。

將源源不斷的點子和想法融入事業中，從最初的「哪知道結果會怎樣？」的提案，到後來真的成為一項可行的計畫、事業；其中，九州長崎豪斯登堡的重整就是最典型的例子。在關閉的建築物中表演模仿寶塚歌劇團的音樂舞台劇秀，利用一些私人土地，讓固定二〇〇日圓（後調為三〇〇日圓）的計程車在園內行駛，還有機器人做招待員的飯店，以及舉辦機器人王國的展覽會。

靈感搖身一變成為賺錢的商業模式

雀巢公司想利用「雀巢咖啡大使」的方式，在一般職場銷售即溶咖啡。

首先，在職場中找一位咖啡大使，接著導入一台能沖泡出香醇好喝咖啡的咖啡機，機器免費租用。咖啡大使的主要工作是協助咖啡粉的補充，以及回收使用咖啡機泡咖啡喝的人投入投幣箱中的錢，譬如一杯咖啡五十日圓。當咖啡粉用完了也要幫忙叫貨，並負責支付貨款。這咖啡大使感覺簡直就像雀巢公司的員工，或像代理店一樣。但是沒有薪水或酬勞可以領，只能得到雀巢公司所提供的禮物或商品。

可以試著想像一下會以什麼樣的流程來完成。以往雀巢公司都是透過商店銷售，像這樣要直接銷售給消費者（雖然是賣給企業），不免讓公司員工覺得「怎麼會以這種方式？」企業層峰總是希望直接將咖啡賣給消費者，然而，透過自家公司原本的通路銷售，效率實在太差，不符經濟效益。

這時就會認為這想法有漏洞不大可行，於是靈光一現想到的點子，就是從顧客中看有誰能代替自家公司的銷售員來做這事。只不過倘若必須支付薪資或酬勞，恐怕不符合經濟效益。不然找找看有沒有雀巢公司的產品愛好者自願來做，但沒有薪資酬勞會有人願意來做嗎？以及使用費真能順利回收嗎？像這樣按照順序的逐一研議，就會不斷冒出矛盾和課題。

然後在現場執行看看，最後演變成現在的雀巢咖啡*大使制度。真的沒料到當初只是一個靈光一現的點子，而且還跟普通的方法矛盾，在不斷修正並以理論精煉之後，變成了一種

* 原文注：雀巢的即溶咖啡真正的名稱，應稱為「Regular soluble coffee」而不是「Instant coffee」，我只是為讓讀著比較容易了解，才以後者稱之。

銷售模式。這雖然僅是我個人的推論想像，但應該很接近。

倘若無法用理論驗證，成功則難以預期

簡單來說，將點子或想法昇華進而「事業化」的意思，是指右腦想出來的點子或想法，再用左腦的邏輯理論淬煉為計畫、事業等。如果從有一開始有點子的階段，就已經可以看出符合邏輯理論，不論事業計畫、商品開發的構思，就不用再拿出來舉例說明。正因為在新事物、新服務充斥的時代裡，能直接將點子或想法轉為事業的例子，真的是少之又少。另一方面，要分析那些市場中的縫隙或未曾聽聞的新市場，並從理論中找出來，可說是幾乎不大可能。

而最關鍵的就是如何將靈光一現的點子與突發奇想，搖身一變成用邏輯思考的觀點，也能夠通用的事物呢？反過來說，就是不論是多麼棒的點子或想法，倘若無法用邏輯理論驗證，恐怕不適合，也難以成功。

3 用左腦輔助右腦的方法論

接下來，介紹經過右腦思考之後，用左腦讓這些點子或想法能在工作中派上用場的方法。

工作有時會想：「這樣做好像會比較順利，把這稍微改變一下，工作就變得好像比較輕鬆多了」。雖然不是很詳盡分析問題，但每個人都會偶爾想到。究竟怎麼樣才能將這些想法用在實際的工作上呢？讓這些點子或想法不會一下子就消失，而是能昇華成為活用於工作的方法。

方法① 從主要概念反推結論的邏輯思考

案例：現在有一個可以二十四小時托育學齡前孩子的幼兒園或托兒所，為了能讓這個點子、想法實際轉成可以實行的企畫案，必須從以下五個角度確認：

①市場性
②競爭狀況
③自家公司本身的強項、弱點（經營資源）
④商業模式
⑤執行計畫

①市場性

首先有關於市場性必須先設定哪些人會是顧客群。

或許雙薪家庭會希望能有營業到深夜十一點，但一般而言，這種需求並不多。另外若是要上夜班的媽媽們或許需求會高一些，只是地點可能就得在市區熱鬧的地方而不是一般住宅區，像是新宿、六本木、銀座等地區。

②競爭狀況

先調查一下這些市區熱鬧的地方是否也有同樣營業到深夜的幼兒園、托兒所。這麼一來就會發現新宿、銀座、澁谷等市中心的主要車站附近、鬧街區其實也有同樣的幼兒園、托兒所。所以要開就得開在郊外的主要車站周邊還沒有這種營業二十四小時的幼兒園、托兒所的地方。

③自家公司本身的強項、弱點（經營資源）

然後檢視自家公司本身所具備的經營資源；若是新事業，等於一開始什麼都沒有得從零開始。

倘若是大企業要另闢市場，最有力的武器便是一開始就能獲得資金與家長的信賴。但相對地，若發生一些事故或糾紛，即有可能會影響到公司企業商譽形象，畢竟每個學齡前兒童都是寶貴的小生命。而在大企業中人才方面許多都擁有高學歷、工作能力強、訓練有素的，只是大企業通常對於新事業的執行都會多方顧慮的有些綁手綁腳。畢竟大企業有自己的做法，按照慣例，必須全盤研議、準備充分，同時考慮可能的風險才會去進行。和一些新創企業相比，執行速度慢得多了，欠缺執行的速度感，也算是大企業人才的通病。

④商業模式

就商業模式來看必須要詳細研議才行。如果有需求且無競爭者，企業也有足夠的經營資源，但無法產生收益的情況下，企業可能還是不會投入這項新事業的經營的。

⑤執行計畫

當以上條件都具備後就可以制定執行計畫，然後在事業計畫會議中提案了。

將最初的二十四小時幼兒園、托兒所的想法變成一項事業計畫。一般在計畫新事業時都會採用這種方式。而且比起那些去調查全部的商機再篩選出可能的新商機，進一步彙整相關的可能與問題點並排列其優先順序，從中選出來最可行的計畫的邏輯途徑，這樣方式相對地比較有效率。

方法② 先想好故事架構，再以邏輯進行細部修飾

前述的「二十四小時能托育的幼兒園、托兒所」的概念試著用下述的途徑來進行。

首先試著假想一下顧客們的生活型態。三十幾歲離了婚帶著二個年幼孩子的上班族女性。工作地點在澁谷，住在通勤很方便的三軒茶屋車站附近。早晚通勤時間各三十分鐘，有時候比較趕時，會直接搭計程車去公司車資約二千日圓左右。在公司實力被肯定算是備受期待的培育菁英幹部。從事ＩＴ產業的系統開發工作，一切都照例行計畫在做，平日大約五點就能下班了。與客戶的應酬也不多，若有需要應酬也可以事先拜託朋友幫忙照顧小孩。

只是當系統發生問題時又另當別論了。可能必須要加班留下來坐鎮指揮，即使已經回到家了還是必須得再去公司處理。由於有些問題無法預料何時會發生，臨時找不到托育的地方應該會滿困擾的。倘若能為這樣的女性們開設一家二十四小時的幼兒園、托兒所，應該就會有人帶小孩去托育。這樣一來，把二十四小時的幼兒園、托兒所開設在公司附近的澁谷，或住的地方附近的三軒茶屋車站附近會比較理想。這樣試著把開設幼兒園、托兒所當成一項事業來研究。仔細一想，通常白天工作的家長在最後一班電車停駛後（譬如深夜十二點以後的

凌晨），將孩子托育的情形實際上真的很少。

若不是以在深夜營業的店家上班的女性為對象，其實一般的店營業到凌晨十二點就打烊了，這也才符合一般邏輯。

加上早上開始的時間，很少有從早上四或五點就開始的店，如果幼兒園、托兒所的開放時間是早上六點到晚上十二點，其實就已經能對應到所有的需求。如此看來，並不需要二十四小時營業。

也能判斷出一般使用的時間，基本上都從早上八點至傍晚六點，除了這時間之外，人力上應該就不需要那麼多了。

此外，開設的地點，如果開在密集的辦公大樓附近，應該會有一定的需求，可行性很高。但從家長的角度來看，有些人不大想讓那麼小的孩子也跟大人一起擠通勤電車。所以實際上開設的地點，會選擇在有托育需求者的住家附近，同時會還建立假說，也就是「住在郊外、一邊帶孩子一邊還得上班的單親媽媽並不多」。約略可以判斷出大概的需求，然後將靠近辦公大樓附近的住宅區列為開設地點的候補區域。

接下來研議收益性。比方在三軒茶屋車站租一間約二十坪左右，房租每月大約三十萬日圓。需要僱用的幼稚園老師人數會因托育的幼兒人數多寡而異。先暫定人數大多為二至三歲的幼兒二十名，所需的幼稚園老師為白天三位，早上一位、晚上二位，以八小時來換算需要六位。整體算下來房租、人事費用、其他花費等，平均一個月大約需要將近一百五十萬日圓。

而可以從顧客那裡收到的幼兒學費約莫每人每月五萬至七萬日圓。換算下來，倘若只收二十名幼兒，可能收支無法平衡。解方之一，是多收幼兒人數，白天、夜晚再收不同時段的幼兒；二是祭出高學費，減收一些比較需要人手照顧的零歲幼兒以降低人事成本，以達到收益平衡。

雖說原本的目的是為了能幫助需兼顧家庭和工作的女性分擔育兒的重任，而為了讓事業持續營運不得不犧牲一小部分，也是無可奈何的事。

雖說前面建立假說時，以單親媽媽為主要客群，然而雙薪家庭也可能是客群之一。或者先生不願意幫忙的職業婦女也有可能是客群。只是如此一來，設定的條件更廣，所需的規模也更大，就變成是另外不同型態的事業計畫，必須重新研議了。

靈感加上邏輯，就能提升品質

除了制定事業計畫以外，工作上有時一些突發奇想還是能成為有意義的工作。舉例來說：做總務的人常覺得要計算業務們出差的經費是件很麻煩的事，有沒有什麼方法可以變得比較輕鬆？於是就想說不然讓業務們自己計算好了。若直接就這樣提出來，恐怕會遭到反對認為「總務為了讓自己的工作輕鬆，就把麻煩的事丟給業務們去做」，終究無法實現。

其實應該要稍微用邏輯去思考一下，用什麼樣的計算方式也能讓業務們的工作更有效率化。

想出了業務們可以用電腦或智慧型手機直接上網預約交通工具或住宿飯店，然後再直接將出差的費用收據自動傳送給總務，這樣一來業務們就可以從出差的經費申請業務中解脫出來，同樣地，總務也可以從混亂收據堆中解脫。

做到了雙贏，對公司而言整體運作效率也提升，可說是「可喜可賀」的結果。雖然像這樣的出差經費的計算方式目前已經滿普遍不稀奇了，這些都是歸功於總務與業務們，對日常的工作產生「想想看，怎麼做可以更輕鬆」的心態，才衍生出來的方法。

其他還有像為提供住宿客人能有良好睡眠的商務旅館「超級飯店」的床是沒有床腳的。為什麼會有這樣的想法，據說是為了節省吸塵器伸進去床下打掃的時間，而這個點子是仿效汽車旅館（Motel；按：俗稱摩鐵）而來的，因為房間週轉率（翻床率）很高，因此客人退房後必須很快打掃乾淨。

千萬別因為是靈光一現、突發其想就隨便提案，或覺得不妥就直接放棄，如果能加上邏輯思考，就能提升工作的品質。

第四章

左腦思考的邏輯架構
以右腦豐富內容

1 讓人打從心底「心服口服」的重要性

想必應該都有過這樣的經驗吧。計畫周全、設想周到的新事業企畫案卻絲毫不受上司青睞，不論如何努力的試圖說明、解釋，上司都當耳邊風。這時候就不是左腦的事了，應該試著用右腦的情感來處理才是。

在第二章介紹的【圖表2-3】由第二個「研議、分析」階段，進入第三個「發布執行」階段時，右腦的用法扮演著最重要的角色。

即使邏輯架構流程再完美，也沒人動手做

做顧問剛出來接案子時，我所屬的團隊正好要對某家廠商提出有關併購案計畫。這家廠

商算位居業界第四名，正在摸索未來下一步該如何策畫存亡策略。

依我們的分析結果，若想單獨經營下去滿困難的，只能利用聯盟合作或合併的方式才行，所以提案跟大型企業或其他家企業聯盟。整個提案的邏輯理論計畫流程可說完美無缺。而且大家都心知肚明，如果這家廠商想在業界存活下去，最佳的途徑就是併入全球企業。然而，提案的結果是並受採納。

之後在會議結束，大夥一起去餐敘喝酒時，經營者說：「即使我知道這個提案是正確的，但只要我活著的一天，我就不會賣掉公司。」

所以，即便提供了多麼完善的分析結果報告，經營者最後還是不肯點頭。對我們而言，雖然覺得這樣的結果很可惜，不過，對我而言卻是一次相當好的經驗。從中我學到只憑蒐集情報理論分析、製作完整的邏輯流程計畫，是無法打動對方的心。面對抱著絕不賣掉公司的經營者，直接提案建議對方「併入全球大企業」的方式，可想而知，對方當然無法接受。

這個案例說明：不見得邏輯流程計畫做得好，就一定能被接受。

這就像是醫生建議病人「乾脆直接動手術切除病灶」，聽到這番話馬上爽快答應說好的病人，應該很少吧。即便知道得動手術將壞的部分切除病灶才會好，但若僅靠藥物治療來治癒，大多數的人都還是希望不要動手術的。同理可證，企業或公司的經營者明知道必須大刀闊斧裁員，才能拯救經營危機，然而，能夠實際能做到的企業卻少之又少。

結果只能反覆一點一點地縮編裁員近而耗損企業力，最終走上窮途末路，演變成再也無法重建的局面。從這些案子當中讓我明白一個道理，倘若不能徹底的讓人打從心底接受，一般是不會下定決心做出決定。

之前有提過，波士頓顧問公司裡將「心服口服」用另一個名詞「腹落」來稱之。不管是組織也好個人也好，如果無法說服主要關鍵的決策者，案子就無法順利進行下去。

後面會再詳述是如何讓業界第四名的公司經營者，做出最終決策的方法。

窺視對方的內心，是讓人「心服口服」的第一步

接下來，談一談怎樣的方式才能讓人心服口服。

比方您是一位食品公司的員工，想提出一項新的事業計畫案，推出類似咖啡吧的鮮果汁飲料店。以整體市場環境來看，日本人通常都很注重健康，所以接受度也頗高的情況下，推出這樣的店提供新鮮水果切盤或蔬果汁等，順應市場潮流趨勢應該也會受到廣大女性消費者的青睞才是。

若說可能會面臨到的市場競爭對手，大概就是在車站內的那些賣果汁或擺一點水果賣的飲料亭之類的，並非真正的連鎖飲料店。當然也會提供像千疋屋那樣的高級水果甜點店的服務，只是從價格跟開設地點來看，可能會鎖定以及限定某些條件來開設。

另一方面，公司在蔬果貨源的供應上比起其他公司在技術、價格上都有絕對優勢。以市場環境、競爭對手、自家公司的優勢綜合分析比較後，這項新事業計畫是很有勝算的。

然而，卻遭到上司不斷的提出反駁與質疑。新鮮的蔬果會有鮮度管理的疑慮，還有賣不完的蔬果壞掉的問題。公司雖說有工廠品質管理的專業技術，但卻沒有店鋪的品質管理專業技術。若是發生食物中毒，又該怎麼處理？還有在人力方面，以前都沒有做過這些事的員工要怎麼配合？

上司不斷地提出否定的言論。又說倘若顧客不來造成虧損，該由誰負起責任？這時，若一味埋怨上司只是跟不上時代、不想挑戰新事物的頑固老人，也無濟於事。所以，首先要來介紹有哪些可以說服對方的方法。將對方提出來的疑問或反駁，一個個仔細應對說明。

接下來針對以上司提出來的有關安全性、鮮度品質管理、虧損的問題，該如何一一地做反向推論說明。

- 安全性↓符合行政衛生單位的合格要求，加強員工的教育訓練。
- 店鋪的鮮度品質管理↓雇用有經營過店鋪且對管理生鮮食品方面有經驗的人。
- 虧損↓預估前二年仍處虧損狀態，第三年開始轉虧為盈，第五年就能將之前的虧損都回補。若第三年仍處於虧損的情形時，再關店撤出市場。

或許用邏輯的問題處理方式會如上述一般做分析說明，實際上卻無法順利被接受。有可能會因為上司壓根不想做，所以就會一直找碴，問題解決一個又來一個沒完沒了的。

遇到這種情形該怎麼處理呢？

首先要找出上司為何反對這個計畫案的原因，這也是右腦的工作。

譬如說上司反對的理由是因為擔心這項新事業計畫失敗，或你因全心投入新事業計畫而無暇顧及原本的業務造成業績低迷時該怎麼辦？

或者當新事業計畫失敗時會被追究責任進而有可能影響到升遷，倘若上司有這種擔憂，即便再怎麼努力分析說計畫有多好不大可能失敗等，恐怕還是難以說服上司。畢竟沒有任何方法，能預測未來保證一定能讓新事業計畫百分百成功，顧客一定會上門消費。所以這時就應該要從新事業計畫進行與不進行的利害關係點切入說明才是。

「如果不進行這項新事業計畫，以目前的事業體來看，八成可能很快地二年後就會面臨到市場價格競爭問題。但如果是展開新店鋪經營，成功率或許有五成左右，且還可以掌握商品的市場價格決定權。若是成功了比起什麼都不做的靜待市場轉變，還比較能抓住具有挑戰市場新商機的機會。」

「就算最終還是失敗了，可是在這個過程中已經曾深入了解店鋪經營、餐飲服務業等其他領域，對食品公司的本業而言也是累積一次寶貴的經營經驗，對企業整體是有助益的。」

倘若上司也能贊同，那麼要切入的點就不是只討論要不要進行新事業計畫，而是討論該怎麼做才能夠提升成功率才對。

另一方面，上司雖想進行，卻擔心新事業計畫可能導致目前銷售業績下滑，那麼，應該從進行新事業計畫會對原本的事業業績是否有無不好的影響，以及自己的時間和進行新事業計畫所需人力的論點切入去談，才會比較適當。

可以提議運用外部的資源人力以維持新事業計畫進行時，原本的事業體不會因人力不足造成業績下滑的情形發生。

或者也可提議說「自己真的很想要進行這項新事業計畫，會在不影響原本的事業體的情況下除了新增人力投入之外，自己投入的時間絕不超出百分之二十的時間為限」，有了這樣的承諾也許上司就比較能接受了。

也就是說不論何種情況，主要還是要消除解決上司的不安，而不是一味地盡是說新事業計畫有多好多好。

網路新創企業的收購提案，為何客戶不接受？

再舉一個單靠邏輯理論，無法順利讓人心甘情願接受的案例。

某家客戶請波士頓顧問公司協助他們公司擴展網路的事業，他們在考慮是公司單獨擴展網路事業版圖好呢？還是去收購未來有成長的網路新創公司好呢？

我們討論並分析後的結論，是直接收購網路新創公司。理由是網路事業取決於速度，如果在沒有獨家專業技術的情況下要從零開始，那就太冒險了。

再加上網路事業變化萬千，不見得「努力就會成功」，直接收購現成的公司可以節省時間成本。我們列舉了十幾家評價不錯的網路新創公司，並重複分析收購哪家好，可以建立競爭優勢，還可以與原本的事業體結合發揮效益，每一家都做足全方位的詳盡分析。

全部篩選後找到了「要收購的第一順位新創公司」。同時也徵詢過那家新創公司是否願意被收購，得到的回答說「可以」，收購價約十億日圓。從客戶的企業規模來看，只是極小的金額罷了。我們胸有成竹提議「收購網路新創公司」，邏輯流程分析也相當完整，可惜客戶並不接受。

雖然這家網路新創公司尚未有獲利，而且也不是眾所矚目的企業，商業模式也不完整、未來的商業展望也尚未明確。只是我們綜合各種分析結果，發現這家網路新創公司的事業非常特殊，未來具有相當大的潛力發展。

至於投資報酬率方面，雖不能立即回收獲利，但對資產總額數兆日圓的客戶而言，十億日圓的金額真不算什麼。但這項計畫案最終還是沒有被接受。

雖然負責網路事業部的部長對這項計畫案感興趣，但被拒絕的主要原因在於握有決定權的經營者並不感興趣。

還質問「這個計畫案或許很有趣，但要怎麼樣才能獲利？」「為何要花十億去投資一家莫名其妙的網路新創公司？」所以這項收購計畫就胎死腹中，沒能成功。像這樣的例子要怎麼做才能讓客戶接受呢？後續會再闡述給大家知道。

想要讓企畫案通過，就必須「找出關鍵因素」使決策者接受

下回做事業計畫時儘量以能獲得上司的理解，或是能讓經營者通過的立場來制訂計畫。就像先前所提到的那個二十四小時幼兒園的計畫案，雖想讓上司能接受，但這項計畫案與公司的事業領域範圍截然不同，讓人接受的可能性滿低的。更何況就算真能事業化，但事

業規模小，恐怕根本就引不起企業層峰的興趣。即便事業計畫製作的多麼完美無缺，最後還是不會被他們採納。為什麼會這樣呢？因為企業層峰不需要動到左腦，他們只要在乎「值不值得去做」。所以呢？該怎麼做才好？

其一，就是制定計畫的人，一定要能好好地傳達自己的意思才行。我在波士頓顧問公司任職時，曾遇過一位年輕又聰明的同事，在眾多菁英雲集中，他更是出類拔萃，是一位相當優秀的顧問。

有一天，他來到我的辦公室跟我提了一項新事業計畫，並且希望公司一定要進行才是。從我做為公司的經營代表者的立場來看，這個計畫案會分散一些公司寶貴的經營資源，我的判斷是不要浪費公司資源，所以就敷衍他。但他很有耐心一直來找我談，說服我應該要進行這項計畫，計畫案的邏輯分析理論各方面都做得相當好，倘若真的去執行，應該會有成果。

於是我就對他說「如果想做，就由你來進行，我給你所需要的支援。」他卻回答：「這是我提出我認為公司應該進行的計畫案，但我並不想參與。」可想而知，這項計畫最後當然就不被採用。一個沒有人想去做的計畫，如果只因企業層峰下達命令才去進行，這樣的計畫一定不會成功的。況且還是動用到管理顧問公司最稀缺的人力資源，去投入新事業計畫。

如果提案者無論如何自己都要做，我或許還會認真考慮看看，若連提案者自己都不想做的計畫，肯定不會成功。

想讓提案通過，一定要將「非做不可」的決心展現出來才行。

再回到前述的二十四小時幼兒園的話題；在工作上，並不是有興趣想做的事情就一定成功，愈接近經營者的人就能愈明白這個道理，有時是自己的親身失敗的經歷，或者是曾看到過的經驗談。所以也知道在這些老練的經營者面前，只是表現出「非做不可」的姿態，也許還是不足以說服他們。

還得要有第二種說服他們的方式。

就是試著揣測經營者在想什麼，要如何才能使他們接受採用。要能判別對方是用左腦思考，還是用右腦思考。

如果是左腦思考型的人，就不用訴諸於情感，用邏輯分析直接對決。說明進行這個案子對社會有哪些正面意義，像是有哪些社會貢獻，還能帶來哪些宣傳效果諸如此類的。

甚至制定自家的員工眷屬能夠優先利用幼兒園、托兒所的制度，這樣一來，還可以增加員工福利。

另一方面，如果是右腦思考型的人，訴諸於情感會比較有效果。表明自己就是為了做這種計畫案才進這家公司，若不能做，就沒有待在這家公司的必要之類的。或是說明公司若能夠實行這樣的事業支援職業婦女，必定能受到許多「蠟燭兩頭燒」的女性員工好評，讓公司提高聲譽，也能獎勵公司中正處於育兒時期的員工家庭。社長也能受到女性員工愛戴。只要抓住要領，就能有許多的說服方式。

總之，**企畫案想要通過，不能單憑完美邏輯的計畫，還要能兼顧當事者的想法、責任感，以及能否說服決策者的技巧。**

2 邏輯架構流程中注入靈魂精神

刻骨銘心的提案多半要有故事

要怎麼做，才能提出打動人心和說服人的企畫案？

從結論上來說，**左腦想出來的再以右腦來豐富內容**，關鍵在於是否融入了對方的感受或是能感同身受。英語用 Empathy（同理心）這個字，日語稱為「感情移入」。

說實在，人都是這樣的，**無論邏輯理論流程如何地完美無缺，只要覺得會侵害到自己的利益的提案，通常都不會接受的。所以若要說服對方接受這種可能會有損利益的提案時，多半需要帶有故事性。**

這裡所指的故事，並非單純是指邏輯理論流程，而是指必須要投入情感的邏輯理論流程會有許多的情緒。比方「很想去做做看、很興奮、超期待」，感覺想做的就浮現在眼前一樣，相反地，也有一開始也有可能會有不想去做、覺得很不安的情緒之類的。

話題再轉到前述業界排名第四的廠商經營者，拒絕當時我們建議的併購提案。其實，當時的提案如果附有故事性，或許結果會不一樣。

邏輯理論流程不變，同樣以「業界排名第四的製造商面對未來市場的趨勢，要單打獨鬥經營下去是很困難的，必須和全球大廠合作聯盟，才有生存下去的空間」為架構，只是故事稍加改變。或許可以改說，雖然與全球大企業資本合併，但公司名和品牌名都照舊，仍然是自己經營的。以這樣方式說明提案，接受度應該會比較高。

如此一來，經營者比較不會一直把焦點放在被併購的負面情緒中，而是擺在不但可以接受資金的注入，還可以調整生產的合作型態進而擴展市場的正面情緒中。

同樣都是「被併入全球企業」的提案，對於被說服者而言，有沒有故事性，印象是完全不一樣的。

在考慮企畫提案時，先蒐集情報再理論分析是非常重要的，如果跳過這些步驟，就做不出正確的邏輯理論流程，即使提案後在執行時也會無法順利進行。

然而，即使制定完美正確的邏輯理論流程，若是沒有人要去做或不受企業層峰接受採納，只是空談而已。

人都會受到有未來、有夢想、有希望的企畫和提案所吸引，想像自己或公司能有著閃耀的前景，就覺得興奮期待。相反的，對那些無法看到未來的企畫或提案，直覺上就會拒絕接受。面對那些看不到自己或公司的光明前景和希望的提案，的確很難讓人有「好，做做看！」或「加油，試試看！」的心情。

對於沒有夢想、希望的企畫提案，必須想辦法讓對方有願意去做的動機才行。

這也說明，訴諸於右腦的感受、情感是很重要的。以客觀的角度來看，即使未來是悲觀的邏輯理論流程，若能用情感來說明，並且加入未來仍有希望的故事，應該還是有機會說服對方。

辛苦企畫的案子，一定要想辦法運用右腦來豐富有故事的內容，以說服對方接受。

以故事填補不確實的邏輯

再又回到前述的收購網路新創事業的話題。即使知道是一項很好的投資計畫案，但對於講求企業穩定經營的經營高層而言，收購新創公司還是有一定的風險存在。「買下一間名不見經傳的新創小公司，真的會成功嗎？收購的價格合理嗎？」通常都會有一堆問題想了解。然而，並沒有一個完美的邏輯理論能逐一詳盡解釋這些疑問。所以必須善用故事性來概括解釋。

比如可以這麼說：「就當十億日圓可能有去無回，但能培育網路新創公司人才，而且未來的趨勢必須仰賴這些精通網路科技的人才，如果能培育他們，未來對業界必能有所貢獻。」如此這般將十億日圓的投資，當成培育自家公司未來網路人才的教育訓練費用的說法，或許能說服對方也說不一定。

或者用其他說法：「雖不確定網路是否會盛行，但是，如果收購十家公司之中，有一、兩家能發展起來，也算投資有斬獲。或是建立假說，決定一百億日圓和要投資的總額後，再挑選各類型的新創公司來收購。」「網路事業大概就是那樣。」等，說不一定可以說服對方。

不然，如果連個故事也懶得編，直接開門見山向經營者們說：「這樣的新創公司只花十億日圓收購非常超值，為何不買呢？」經營者恐怕依舊會擺出一副「就算說這個收購價格多麼便宜划算，但實在找不出買下它的理由。」的姿態，如果最終還是說服不了他們也只能放棄。

事實上，十年後，當初的那家網路新創公司已成長到市值約三千億日圓的ＩＴ企業。現在再說這些都無濟於事，只是有感而發罷了。當初我們在提案的邏輯理論流程中，並沒有加入故事，以至於讓客戶錯失收購良機，白白浪費可以參與擴展網路事業的機會，真的很可惜。

3 要讓人「動起來」，需要四個要素

邏輯、故事、興奮・心動、自信・安心

一般人理解點子、策略並且覺得「心服口服」之後，就會進入執行階段，為了讓上司對整個計畫案和企畫能充分理解，並且能夠在「會議」中通過，必須要具備以下四個要素。要有「邏輯、故事、興奮・心動、自信・安心」等。其中，除了邏輯之外，其他都有助於牽動對方的右腦思考。

①邏輯

聽的人會有「原來如此」、「沒錯，就是這樣」的感覺。

②故事

不只有邏輯的整合性，還能整體變成一個故事。能讓人覺得簡單易懂，不只是聽的人理解而已，最好還能講解給別人聽。

③興奮・心動

感覺應該滿好玩的想做看看，雖然不是很清楚怎麼回事，總之只要給人很有趣的印象就好。

④自信・安心

如果要做的事是與以往都不同，要讓人覺得並沒有想像中那麼難，貴公司或自家公司也是可以做得來的。即使失敗了還是能挽回的，沒什麼大不了的。

介紹一個我以前當顧問的企業案例。那家公司是家以日本國內市場為主的製造商。不斷地推出領先業界的產品，高利潤產業用零件的製造商。它的顧客屬於電機、自動車等成品的製造商，大多因受到全球競爭激烈的衝擊，日本國內市場逐漸萎縮。然而那家公司由於不斷地推出領先業界的頂級產品，在同業中具有壓倒性的優勢，國內市場也很強勢而且業績、收益也都相對穩定地持續成長。

然而，依照它的客戶未來的市場來預測，雖說業績目前仍然有成長，但單以日本國內市場為主，在不久的將來一定也無可避免面臨銷售業績衰退。

倘若未來想要持續成長，勢必得和那些從來沒有交集的美國和歐洲市場打交道才行。因此，我們提出了以開拓海外市場、顧客為主軸的事業策略和所需的組織體制、人才雇用等相關計畫案。可惜提案當時，並沒有立即被接受採用。拒絕的理由很簡單。並非邏輯或故事不完整，其實，是經營者也了解整個日本國內已成熟到無法成長的瓶頸，必須另找新事業才行。

甚至也清楚如果選擇拓展海外市場，未來比較有可能成長。

只是經營者都會覺得，拓展海外市場沒那麼容易，常會反應「過去沒有這樣做過，不覺得自家公司的產品會有國外的廠商來購買。況且，新產品的推出，都是由跟顧客之間的互動關係才開發出來的。若是海外市場，沒有會說英語的開發業務人才」。

後來我們怎麼做呢？我們親自到海外到處去找尋有可能成為顧客的企業，然後再帶著那家公司的業務和市場開發人員實際拜訪，看看能否直接和外國客戶溝通。事實上那家公司的業務和市場開發人員可以直接與外國客戶溝通。也讓這些人對新市場變得有所期待（③興奮・心動）。由於這些人覺得「應該是可以做得來」，後來終於也讓經營者覺得可行，才點頭答應這項計畫案。（④自信・安心）

這個例子在提案的階段雖然有①邏輯和②故事，但③興奮・心動和④自信・安心的部分卻是不足夠的，於是讓他們實際去試過後，增加自信心的同時也讓他們知道有些事做了就會了，沒有想像中那麼難。沒邁開第一步又怎知不會成功。

豐富故事的方法

要說服別人有關自己的提案與企畫時，故事性很重要。通常邏輯理論都或多或少有些複雜，而故事性能讓對方一下子就進入狀況。有技巧的故事性必須包含下面幾項要素。

- 立體感：能想像
- 現實感：能實現
- 安心感：想試試看、自己好像也能做

「立體感」是指無法單靠語言來解釋的新製品和新服務，必須讓那些不知道工作進行方式的人，能在腦海中浮出一些想像畫面。「現實感」是指不知道的事、從沒做過的事，但是能感覺做下去就能實現，是真的能感受其存在。「安心感」是指當事人覺得自己應該可以做到，試試看也沒關係，想去做做看。

例如：對一直以來只用傳統輸送帶式生產的製造商，提出增設單元式生產（細胞式生產）的工廠計畫案。製造過程是在相同的產品大量製造的生產輸送帶上，輸送著零件或半成品每個製程都有作業員進行組裝，一般我們稱之為生產線製造方式。

另外跟這種生產方式不同的有一種稱之為單元式生產，就是由每一位作業員，從頭到尾自己一個人獨立完成作業的製造方式。

以這個為例子，接下來說明什麼是「立體感、現實感、安心感」。

對習慣輸送帶式生產的製造商的員工而言，這樣的製造方式是他們能想像的世界。而單元式生產卻是他們無法想像（從頭到尾自己獨立完成）的製造方式。如何讓頭一回聽到的人也能想像是怎麼一回事，就叫做「立體感」。有幾種方式，接下來以製造手提包為案例說明。

生產線上整塊皮革輸送過來，有裁切的人、縫製的人、裝提把的人，輸送帶上按照生產線順序每一段有不同零件要組裝上去。而另一種的生產方式是多位職人坐在作業桌上，從皮革的裁切、縫製，最後裝上提把。每個人的作業效率都不同，各自拿所需的零件，生產速度也依照自己的速度，這種就是單元式生產。

也可以利用視覺的方式做說明。例如可以實際帶去單元式生產的工廠參觀，或是播放工廠生產的的影片給看，正所謂百聞不如一見。

接著說明「現實感」。可以料想到仍然會有一些不同的聲音，因為即使了解到在別家公司這種生產方式是可行的，但換作是自家公司就不覺得一定也能套用。會有這種情況其實是因為對這種生產方式雖然有興趣，但是，如果覺得要做卻有難度，所以呢，與其一直強調這種生產方式是很簡單的，倒不如讓他們說說看覺得哪些會有問題，再針對他們的問題點一一說明清楚會比較好。

例如有些人會覺得材料要一個個去拿很麻煩，而且那麼多的製程都要獨立完成，產能效率就會降低變慢。就這個問題，可以解釋確實看似效率變慢變差，但對於熟練的職人而言，可以依照自己的速度來作業，工作情緒也會比較佳的狀態下生產量就會大大提升，再者每個都是自己獨立完成的，不良率也會相對降低，比較不會發生品質不良的問題。

甚至也可以請單元式生產的工廠作業員來做實際情況說明。總之不是僅靠頭腦理解，能清楚實際了解需要什麼樣的作業與組織，以及多少的資金和人手，這才叫現實感。簡單來說作業的流程和內容能在腦海浮現，想像「或許應該可以做」，也就是倘若要做，必須要改變些什麼？都能先在腦海中想過一遍。

安心感就是倘若自家工廠也導入單元式生產（細胞式生產），組織要怎麼樣改變才好？如此一來，大家應該也會都想做吧。讓當事者覺得自己也可以做、或者說遇到困難也有辦法解決，就會比較能願意嘗試與以往不同的事。更何況感覺好像蠻有趣的，能成功最好，就算失敗了也沒有什麼損失。

就拿前述的網路新創公司的例子說明。失敗的原因，就是因為我們並沒有能讓經營者們心服的故事。只想說十億日圓對於像顧客這種大企業而言並不是什麼大金額，所以把重點都放在邏輯理論上，而如何說服他們的故事卻壓根也沒有琢磨到。

要準備什麼樣的故事，才能說服經營者們呢？

其實那些經營者們以前從未接觸過網路的事業，因為一般的傳統事業其目標都著重於將企業永續經營穩定地成長下去。

像網路這種在當時根本也沒有明確的商業模式，就要出資十億日圓根本就是不可能的事。當然會希望是多花些時間讓自家公司內部先確立商業模式，穩定的讓事業成長下去的方式，而非以收購的方式。所以要說服這些人，併購網路新創公司不能單靠邏輯理論的分析說明，還要訴諸情感才行。

首先，網路商機是什麼？利用實際的網頁畫面說明消費者都怎麼使用？實際訪問網路使用者，讓這些對網路不熟悉的經營者們能在腦海中描繪出景象，就是所謂的立體化。

接下來網路商機最重要的就是速度。原本的事業的經營資源及做決定的速度都太慢了。因此需要一個獨立的小組織來試水溫搶占先機。舉一些實際的企業例子，說明該怎麼展開商機模式，也是所謂的現實感。

最後說明因為網路事業最重要的就是速度，透過收購「用金錢換取時間」。加上網路事業成功率低，有可能投資的金額無法回收，但技術與人才以及網路事業領域的人脈卻是金錢無法買到的附加價值，或許可以用這樣的說法去說服他們。

網路事業的成功需靠擅長ＩＴ技術的人才，要取得這些人才與技術最快、最好的方式就是用併購的方式。當然也不是說用收購就絕對會成功可以安心，但至少在網路事業只投資這樣規模的「就算失敗，也不是什麼丟臉的事。」「萬一跌倒，也不會從此一蹶不振。」可利用像這樣的分析說明給予安心感。只要能好好地傳達以上這些訊息，應該能讓他們了解到收購的必要性。

無法讓人怦然心動的夢幻提案

再舉一個曾經失敗的例子。

大約在三十年前一九九〇年前後，向某家企業提出有關銀行ＡＴＭ的共同合作企畫案。

由於當時各家銀行基本上都是自行展開ＡＴＭ的業務，除了分行之外，一些主要地區也都設置許多的ＡＴＭ。然而維護管理與實際使用的頻率相較之下，不大符合投資報酬率。ＡＴＭ的維護管理除了無人店鋪建築物本身的環境維持、ＡＴＭ機器的維護、通訊傳輸電路的穩定維護、現鈔的補充與回收以及警備保全的巡邏等，必須要做的事相當的多，更何況並不是能全部委託一家業者來做，而是由多家業者分別承包的。

於是我們想到利用企業來做這樣的全國ＡＴＭ展開事業。同時與ＳＥＣＯＭ保全公司聯手讓保全公司負責警備保全巡邏和現鈔的補充、回收作業，再跟各銀行以及金融機構徵收使用費。行文至此，各位會不會覺得跟 7-Eleven 銀行很像呢？沒錯！就是一樣的概念。但 7-Eleven 銀行是從二〇〇一年才開始的，而聽說有這種概念大概是一九九八年時，我們的則要更早以前了。

當時美國已經有這樣的ＡＴＭ網絡，已經有企業提供全美的金融機構和信用卡公司使用，然後再收使用費。所以我們有一邊參考美國那邊的商業模式，一邊展開能對應日本的金融狀況及成本架構的事業。當中也會考慮到法規的問題，盡可能挑戰並突破這些問題，只是後來遇到了從沒想過的問題，只能讓這件提案胎死腹中了。

那就是顧客的經營者們的反對。他們說看起來似乎是可行的事業，只是就怕主要的銀行客戶的反對。畢竟銀行已經有展開了一些ＡＴＭ的業務了，再插手下去做，感覺就好像否定了銀行端，覺得他們做不好的樣子。因此提案就沒有被接受。當時我還很年輕，只認為那些不能理解這麼好且可行性又高的事業的經營者們都是些笨蛋。也懶得花心思去說服他們，但換成今日我就會換個方式去說服他們。

會在第五章詳述該怎麼才好。

故事賦予策略整體感

某個民生物資的製造商的Ａ事業不大順利，最主要的原因是在於原本這家製造商是靠年輕人的商品起家的。

隨著歲月流逝，當年的年輕消費者現在已是四十幾歲的中年人，所以商品再也不能說是年輕人取向。重新更換商品的包裝以符合年輕人取向，卻萬萬沒想到造成反效果，讓原本的客群漸漸流失，也沒有吸引到年輕的客群，業績變得不上不下的。

由於時下年輕人都不怎麼看電視，所以即使做了電視的廣告宣傳，卻還是抓不住中心客群，達不到宣傳效果。雖然知道得多多利用社群網站或網路評語來做市場行銷，但就是無從著手。

在銷售通路的政策上也遇到了相同的問題，以往在超市的銷售通路比較有優勢，近來都變成便利超商或藥妝店，雖然業務員的人手不足，但因為很積極開發年輕人喜歡的商品以及投入電視的廣告宣傳，所以商品順利的可以擺進便利超商架上，不過主打的商品的銷路卻很差，再這樣下去恐怕哪天就不能再擺在便利超商的架上賣了。

價格政策如【圖表 4－1】與競爭對手相較之下，明明品牌沒有什麼競爭優勢，價格卻一如往常設定在高單價區塊，結果就慢慢失去市占率。倘若想搶回市占率，那麼價格勢必得降低。不然就是得先恢復品牌的優勢才能繼續維持高單價。在這種情形下有幾個策略，不過

【圖表 4-1】 A 社的價格策略

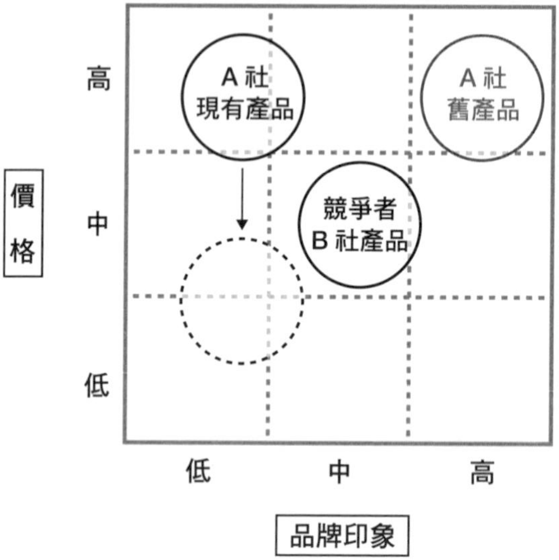

因為需要分別進行所以可能沒那麼順利。如下列情形。

- ●為了要提升品牌價值可以利用電視廣告來吸引中高年齡客群，同時強化利用網路社交群組行銷吸引年輕客群。
- ●由於年輕客群的商品競爭力尚處弱勢，為了提升競爭力需更致力於商品的開發。
- ●為了能將商品放入日益成長的銷售通路便利超商的架上，所以繼續維持新商品販售時的電視廣告宣傳方式。

- 將以往的主戰場超市通路的業務銷售人力維持在最小的限度之內，把更多的人力投入藥妝店。
- 在價格方面，為了維持市占率必須要進行削價競爭的策略才行。

感覺上好像是個別的策略，沒有一貫性可以預料不會進行的很順利。其中倘若放棄中高年齡客群主攻年輕客群，就沒必要做電視廣告宣傳。若要維持品牌價值就會與降價爭取市占率的銷售策略相互矛盾。如此一來，就不需要分別進行，反而應該要做好全盤的規畫而且還要有故事性的銷售策略才行。

針對年輕人？針對中年人？創造策略的故事性

簡單來說，像這種個別舉出的策略要如何整合呢？就需要能多方想像，才能編造出大一點的故事性。這些點子，究竟在腦海如何拼湊？必須靜下心來好好思考。接著，試著說出來或寫下來，慢慢地，故事就會浮現。有時可能只有一個想法浮上來，有時也可能一次很多想法跑出來。

當然這並不是一下就學得會的事情，必須經過多次的嘗試錯誤，因此，累積經驗很重要。除了用紙或白板寫下來，或不恥下問、多方嘗試之後，找出屬於自己的慣用方式。

前述的民生消費品的例子，可以有二個完全不同的故事性，一個是占市場多數的年輕人客群主流策略。

這個企業雖有中年客群，但推出的商品卻讓年輕客群覺得沒什麼魅力，突然風格一變，以年輕人為目標族群，展開新的商品開發、廣告策略、通路策略，難免分散了既有的經營資源，說不定看到效果之前就已經燒光資金。

於是右腦有一個聲音說，應該先把市場範圍縮小試水溫「會比較好」，這也是長年的經驗所得到的一種直覺。不是僅將商品重新包裝成年輕人取向的風格，而是另闢一個新商品領域屬於年輕客群的。例如：原本男性用的美髮產品、慕斯、髮膠、髮油之類的，可以另外開發有機髮膠系列商品。主打頭髮抹上髮膠之後不會過硬、呈現自然柔順的有機髮膠商品；對皮膚有很好的保護效果，不僅可以直接塗抹於頭皮，抹完後也不用洗手當成護手霜；像這種不同領域的年輕客群取向的商品開發。

銷售通路方面便利超商的開架上有其他競爭對手的商品，變成需要廣大的電視廣告宣傳才行。況且商品的生命週期很短，要建立自家的品牌其實很難。

所以把銷售通路鎖定在藥妝店，這樣的話，比起電視廣告宣傳在現場的營業銷售就會比較重要。可以利用以往在超市通路培養出來的銷售技巧。慢慢就可以在藥妝店的銷售通路中定型化，長銷，就能提高品牌印象。

如此一來，最終就能達到超市及便利超商的銷售通路結合一體的效果了。

另一個做法是直接放棄不熟悉的年輕客群取向，儘靠著原本的客群在業界生存下去。畢竟時至今日才要開始經營年輕客群，不但市場上已經競爭相對激烈再把皆處於弱勢的公司經營資源（資金、人才、品牌）投入下去，也是無濟於事毫無勝算。倒不如從原本有優勢的中年客群去展開事業還比較有勝算。

因此再度投入中高年客群取向的商品開發會比較實際，並展開以這年齡層客群為主的宣傳策略。

由於這個年齡層的客群依舊會收看電視節目，所以還是可以利用電視廣告媒體來做商品宣傳。

在銷售通路方面再投入更多超市的銷售業務宣傳，同時也不得不展開一些以量取勝的低價商品。如此一來，仍然無法提升品牌競爭力，商品只會漸漸流於可替代的商品。因此在新商品的宣傳策略上要定位在高階產品，絕對不以低價銷售。這樣的做法或許規模上無法擴大，但卻可以活用自家公司的優勢，確實的掌握客群與銷售通路的行銷作戰方式。

不論哪一個都是現狀分析和個別的對應策略所想不出來的策略，但這個例子說明了只要使用右腦並聚焦於某一部分就能將全體整合性提高。

4 右腦和左腦交互傳接球

在第三章和第四章的章節中說明了右腦與左腦該如何分別使用、該如何組合使用。彙整如【圖表 4-2】。

以邊看邊感覺為基礎來發現真正的課題，將課題結構化相當於箭頭 A。也就是所謂的用右腦思考的事用左腦邏輯來做確認。

有時左腦想的並不是那麼合適，或是無法有故事性，這時，可先將已經做好的邏輯分析或故事用心去感受，就是以右腦情感重新再審視一遍。

也許就能整理出馬上能說服人心的課題和提案也說不一定。這就是箭頭 B，左腦想的用右腦來豐富內容的過程。

接下來試著思考第二層和第三層的關係。首先試著想一下，該如何對那些身為經營者的

【圖表 4-2】 右腦與左腦交互傳接球

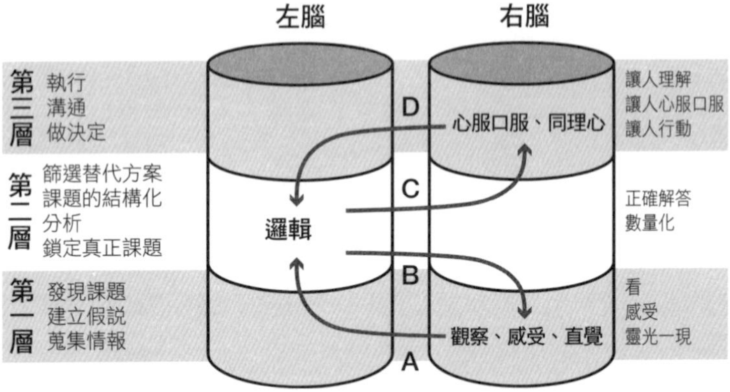

左右腦交互傳接球的例子

A　右腦覺得有趣的事，用左腦確認
B　散亂退回
C　心服口服的重要性
D　憑預感直覺退回

當事者們說明在第二層中被指出的邏輯課題和解決方案。雖說就直接以邏輯的方式去做說明也可以，只是通常完全沒有反駁並全盤接受的情形並不多。

主要還是因為其中包含了這些經營者或顧客的顧慮、不安、疑惑等的心理因素。

必須去思考該怎麼做才能讓對方理解呢？對方的心理障礙在哪呢？假使知道了又該如何做才能說服對方呢？為了讓對方心服有時還必須換位思考，相當於箭頭C，左腦的理論用右腦來解釋和運用的過程。

最後再思考高層或上司想向部屬傳達想做的事，亦或者部屬所提的企畫案覺得怪怪不妥時，該怎麼去說明解釋。比方主管突然把想要做的事，就直接傳達給部屬，部屬搞不好會覺得主管又開始天馬行空。這時應該停下來冷靜思考，重新檢視一下自己的想法是否合乎邏輯？該用怎麼樣的故事性才能說服大家，這部分屬於箭頭D。右腦所思考的事交由左腦來做確認。

同樣的對於部屬所提出來的提案若直覺怪怪的，並不是一下子就否決反對提案，也是一樣先冷靜下來，檢視看是否符合邏輯，或者去思考哪部分不合乎邏輯？這才是最重要的。

這也是其中的一環，右腦覺得怪怪的地方用左腦來確認，這是也屬於箭頭D。

像這樣的右腦和左腦的關係，並不像第一層的右腦經過第二層的左腦再回到第三層的右腦那樣單純的結構。這中間會在第一層和第二層之間遊走跑來跑去的，以及第二層和第三層之間反覆遊走。換句話說，就是右腦和左腦頻繁的相互傳接球的意思。

第五章

鍛鍊右腦「力」

1 鍛鍊工作上的「直覺」

邏輯中加入故事

如第四章介紹的 ATM 事業的例子。

僅憑著正確的邏輯理論並無法讓人就此心服或願意去做。打心底想試試看、真的想做做看，或者雖不想做卻不得不做，大部分的工作都在這些情況下進行的。若是這種情況時，制定企畫最重要的並不是將邏輯理論寫的多完美，真正重要的是如何驅動人心的故事。

因為一般人都可以靠情感來被驅動，在邏輯理論中加入故事，讓對方心服是一件很重要的事。

以第四章介紹的ＡＴＭ事業的案例來說，雖然銀行原本執行的ＡＴＭ網可能會浪費掉了，但是，倘若接手之後好好的整合營運，銀行就不會出現虧損的狀況。

況且之前自家銀行無法做其他家銀行的ＡＴＭ的部分，整合後就可以做了。

顧客們或許會反彈一陣子，但只要等全日本金融機構的ＡＴＭ基礎設備做好了，對消費者而言，可說是一大福音。對於消費者金融機構的影響力也會比目前更強。甚至還可以跟對方說，身為第一位給日本金融機構帶來創新ＡＴＭ基礎設備的經營者，肯定會變得萬眾矚目。

不論何種說法，為的都是去撫平經營者們心中所恐懼和擔憂的事。也可以將更多的好處用邏輯理論的方式列出來，說不定就能說服他們。可惜當時年輕經驗不足的我右腦直覺反應只覺得「這些經營者盡是些笨蛋，居然都不了解這麼有發展前景的事業。」也只是用左腦做一些反論說明和傳達，最後結果可想而知。就是因為我放棄了利用右腦的情感方式來說服他們。

雖有天生的差異，但僅有拿手、不拿手的區別

在右腦力當中，所謂的直覺的這項能力真的可以後天培養嗎？平常生活中有時會覺得直覺很準，有時卻一點也不準。事實上確實也是如此。

比方說方向感，有些人不管看不看地圖一樣都能很順利的到達目的地，有些人卻是方向感超差的，怎麼走都會找不到方向或走錯路，我們稱之為「路痴」。

我自己本身方向感極好，東西南北自然而然記在腦海中，從不曾迷路。甚至在大樓裡或地下街隨意亂逛時也是一樣，大概都能憑直覺抓得住方向。就連用汽車導航系統時也是一樣，看著地圖直覺比較近的路，就不靠汽車導航，而憑方向感走最近的路徑。

第一次去的城鎮從車站來回一個小時左右，可以不用靠地圖又走回車站。用一般大家的標準來看，應該是屬於方向感極好的那種。相對地，就我來看，實在無法理解為何有些人方向感會那麼差。

另一方面，如果是音樂領域，我就完全不行，求學時音樂課的成績慘不忍睹，是名符其實的「音痴」。有些音樂就算聽過很多遍還是不會唱，就連有導唱的也一樣不會唱。雖然上音

樂課有教會看懂音符，但一個一個音就是不會唱，對於那些聽一次就會唱的人覺得真的很不可思議。

行文至此，**有些人會認為直覺的右腦能力有天生的好壞差別，是無法靠後天的努力，但我不這麼認為**。這裡希望再回想一下在「前言」中所寫的消費期限的事。一開始也只是隨手在紙上寫一些資訊，再加上一些自己的直覺，不斷地重複漸漸的將直覺磨練得更敏銳。

況且，這也算是直覺的一種，直覺判斷單靠寫在紙上的文字，無法讓直覺更精準。我認為商業上所用的右腦能力也是相同的道理。有人天生對工作上的事直覺很敏銳，能感覺到「這麼做絕對不行」，或是「這麼做一定能大賺」。但是，有人天生就不是做生意的料，明知不會賺還是硬要賭一把投資下去；也有人天生做什麼事都不順利，老是一再出錯。

首先最重要的，**就是要有自覺，自己在什麼事上直覺會比較準，又在什麼事上直覺比較不準。**

【圖表 5-1】 直覺的示意圖

能意識到直覺就能鍛鍊它

在商業的世界裡，有的人天生直覺敏銳，而有的人則直覺遲鈍。在這將有天生敏銳直覺的稱之為G型右腦。（G為Genius天賦直覺的略稱）。

另外，前面也有說過可以透過經驗和學習來鍛鍊直覺的稱之為L型右腦（Learned Talents習得直覺的略稱）。如【圖表5-1】的直覺示意圖。

因此我認為G型右腦某種程度來說是天生的，而L型右腦力卻是透過努力與經驗而來的。事實上不只在私人的世界是如此，商業領域中也是這樣的。不論是G型右腦力強的或是不強的，很少有G型右腦的人會潛意識使用直覺或是去鍛鍊直覺的。

【圖表 5-2】 比一比！天賦直覺和習得直覺

類型	G 型（天賦直覺）	L 型（習得直覺）
性質	天生的	後天的
意識	無意識的	有意識的
如何會的	與生俱來 （將原有的使出來）	透過學習 （努力學會的）
用法	消耗（不會減少）	累積

思考一下為何會這樣呢？可以從【圖表 5-2】看出來，因為幾乎所有的人都是在自己沒有察覺的情況下使用 G 型右腦直覺。這麼一來，自己如何直覺反應或是跟別人比較起來自己的直覺有多棒，根本無法判斷也沒有意識到要去做判斷。

另一方面，L 型右腦直覺則是不特意用意識，根本無法使用的。倘若不把累積的經驗一起放入，就沒有意義了。一般有常識的人都知道，在商業上是不能單憑直覺的，所以幾乎不會去學習如何精進直覺，頂多只有無意識的累積些直覺罷了。

在這個章節來思考一下商業中所用的直覺是否能鍛鍊呢？

天賦直覺和習得直覺，你屬於哪一種？

那麼接下來各位試想一下自己是屬於哪一型？

即使是不熟悉的領域仍會想出些靈感、點子，發現課題的能力很高。或者是腦子常會有一些想法、點子，同時也能輕鬆地將想到的這些作成理論分析和說明解釋；這都是G型右腦的典型特徵。

另一方面，也有許多的直覺是因為在特定的領域裡累積經驗後才發揮出來的。譬如說工廠裡的生產現場中那些想出如何改善工程現狀的人，都是因為在熟知的領域中不斷的嘗試各種可以改善他們所遇到的問題，也依照著過去累積的經驗想出了點子和解決方式，這是典型的L型右腦。

用圖表來顯示如【圖表5-3】。

可以把不論做什麼都沒有任何直覺反應的稱為O型。G的反應比L強時稱為G型，而L的反應比G強時稱為L型，而兩者皆強的稱為GL型。

要注意的是，並不是在於特定的個人本身所有的能力表現，而是著重在於特定的個人在

【圖表 5-3】 直覺的四種情形

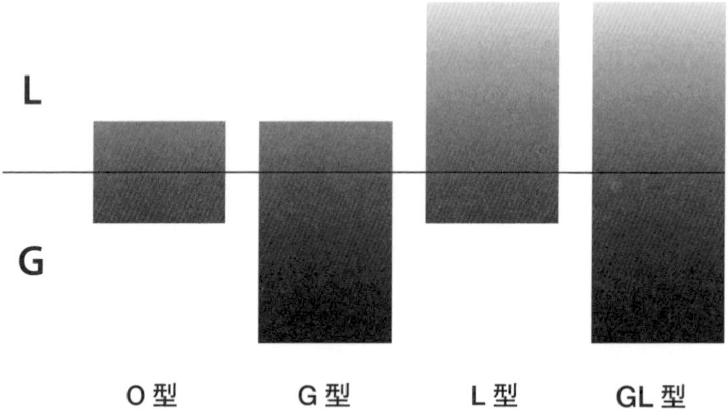

特定領域中的直覺表現。

例如：某些人在商品開發上充分發揮了Ｇ型右腦直覺，但遇到成本或會計等數字領域時不單是Ｇ型就連Ｌ型直覺也無法發揮任何作用，這種情形很普遍。

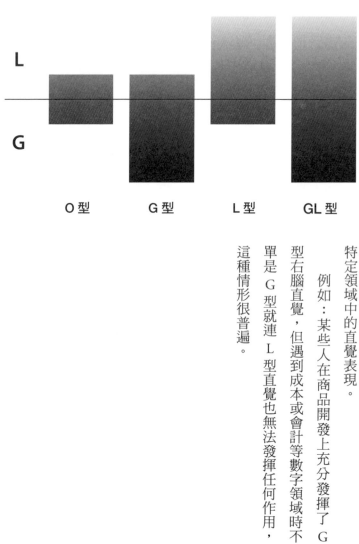

2 把私底下的方法活用於工作上

試著決定假日的行動方案

當你決定做什麼事情時，通常不會有人先去翻過去三個月的行事曆，然後發現這個星期唸書的時間太少了，而決定要花三小時來認真唸書，或是發現過去三個月都沒有購買過一件衣服，所以今天決定上街買衣服。通常只會想到「最近好像都沒念書，稍微來念一下書好了。」「但最近也都沒跟朋友們見面，怎麼做才好呢？」

很明顯的，這並不是左腦而是右腦在想要怎麼做。當你想著今天「想要出去玩」，另一個聲音卻提醒「最近是不是太常出去玩了？」「還是稍微唸書好了」或者「把家裡打掃整理一下」。甚至有「想上街去購物」的念頭時，也會冒出另一個聲音「等一下，最近花太多錢了，還是不要去買。」當然，也有最後還是忍不住上街去購物的情形。

一般普通行動的模式是首先右腦冒出想法，而後由左腦來確認檢查。

私底下平時工作繁忙一到休假就有一大堆事想做，如果都沒規畫，想做什麼就做什麼，有可能會白白浪費了休假時間。可能同時想洗衣服、打掃、衣服送乾洗、去書店、跟朋友會面等。這種情況和工作一樣，可以用邏輯思考優先順序。例如下一次的休假是何時？（這周末前必須做完哪些事？或者這周末、下周末分別先做哪些事？）什麼事是第一優先要行動的。一般生活中都是以右腦為主來行動的。

試著決定中午要吃什麼

以午餐為例說明。

首先會想「今天要吃什麼」，然後就冒出「想吃鰻魚飯」；接著，又想到「這一、兩個星期都吃了一些像蕎麥麵、漢堡之類的輕食餐點，吃鰻魚飯好像不錯，況且這陣子也常吃炸天婦羅和牛排之類油膩的午餐，晚上也還要吃義式料理大餐，今天中午，就吃鰻魚飯吧？」

若試著分析過去一個月的早中晚餐，研究營養的均衡狀況，計算所需熱量，並且一週的早中晚餐菜單都不重複，再來決定吃什麼，也許對身體健康有益。但是，如此一來，感覺吃飯就像是盡義務，還有種被迫這麼吃的感覺，吃飯變得一點樂趣也沒了。甚至不會想去挑戰嘗試以前沒吃過的食物或者去餐廳吃飯。

試著決定與朋友約會要做什麼

跟朋友見面出遊也是同樣的情形。剛好周末有空，在決定跟誰見面時，幾乎不會有人拿出以前的行事曆來分析看看，最近跟哪位朋友都沒見面，所以決定見個面。或者是先決定要做什麼事，再想想看朋友之中誰最適合一起去做。就像吃飯找 A 和 B，上街購物找 C 和 D，去迪士尼樂園玩找 E 和 F。

但也不是什麼都沒想，有可能會想說好久沒看到 E 想找出來見面。但見面後要幹嘛呢？她喜歡美食，約出來吃飯好了。剛好先前有在雜誌上看到一間不錯的義式料理餐廳可以一起去。

也有可能先想要做什麼，再想找哪個朋友一起去好呢？

比方說偶爾想去一下美術館，可是平時在一起吃喝玩樂的朋友對美術之類都興趣缺缺，腦海浮現最近好幾位許久沒碰面的朋友，對了找他最適合了。

以上這些並不是邏輯理論分析出來的，而是不知不覺在腦海浮現後並同時在腦中自行整理才變成具體的行動。（要跟誰去做什麼）後半部雖較為邏輯思考，但最初的想法卻是右腦所想出的。

已經在第一章的前面有做介紹過，通常決定今天要去看哪部電影的都是用右腦思考的。

即使是工作，也要珍惜情感和靈感的直覺

如前面所述日常生活中任何的行為，幾乎都是右腦想出之後，再由左腦邏輯整合。

綜合以上的論點，可以試著將日常生活的做法活用在工作上。比方在私底下通常靈光一現忽然想到的事情，會比邏輯思考的時候來的多，可是一旦變成在工作時幾乎就全部自動轉

換成邏輯思考了。畢竟若是都按照自己所想的只做喜歡的工作，那麼公司就無法正常運作了，必須按照自己被分派的任務和角色行動，這才是盡責。

因此，理智告訴自己，工作上該做的事，就算有時不大想做，還是會努力完成，但是，這樣真的好嗎？

試著在思考工作的優先順序或步驟時，不採取平常的邏輯來思考，改以情感、靈感或個人好惡來思考。為什麼我這麼說？邏輯或盡責的思考方式，會演變成在處理工作時造成工作與生活不平衡的狀況。

應該先想為何會做這份工作？要怎麼做才能讓工作做得快樂一點呢？這點在職場也很重要。接下來，介紹幾個鍛鍊右腦的方法。

3 用「觀察、感受、直覺」來蒐集情報

觀察、感受、直覺：右腦思考三大關鍵要素

要讓右腦思考可以分下列二種情形。

為了蒐集情報和發布執行的這二種右腦思考使用方式。以【圖表5-4】來說明，第一層相當於蒐集的過程，以商業流程說明，就是情報蒐集、建立假說、發現課題的階段。

於是透過分析將課題整理、結構化思考解決的方案為第二層流程以左腦為主。

此外第二層左腦思考後，再用第一層的右腦來做確認也是有可能的。

有下列三大關鍵要素：

【圖表 5-4】 右腦與左腦交互傳接球（【圖表 4-2】再現）

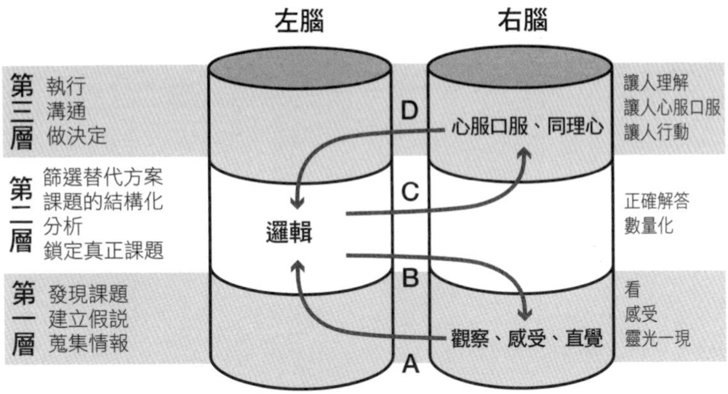

左右腦交互傳接球的例子	A　右腦覺得有趣的事，用左腦確認
	B　散亂退回
	C　心服口服的重要性
	D　憑預感直覺退回

① 觀察
② 憑感受
③ 用直覺

也稱之為「觀察、感受、直覺」。

「①觀察」顧名思義就是看、聽、讀，以日常生活為例子，走在街上發現一家新的店、道路旁邊新開的花朵，聽一聽路人們的聊天內容，電視新聞以及網路上的最新話題情報。工作場合上則有會議中報告人的發表、工廠現場的新發現、與顧客的對話、競爭對手相關的情報蒐集。

就算是不經意看到、聽到也都

行。如果可以，平時盡量有意識地養成觀察的習慣，就能隨時有效率地蒐集新情報並在腦中整理。

以我為例，對新出現的商機、商業模式、經營者、領袖、電機製品、足球、自動車等都有興趣，面對相關的情報感覺腦袋整個活起來了。會想要多看一些，多了解一點，幾乎讓所有的腦細胞都出動了。

而我的腦細胞不會出動的，就是那些流行時尚、新出現的美食料理、人氣餐廳等，與生活比較貼近的店之類的事情。

像這樣有意識地深入觀察特定領域，更容易有新發現（原文注：有關如何抱著問題意識、發現力、靈光一現（直覺）的培養方法，有興趣的讀者請參考拙作《靈光乍現思考》（『スパークする思考』，KADOKAWA））。這不只是「觀看」，而是可以稱為「觀察」。

「②憑感受」是讓整個五感都能動起來去感覺周遭的事物。比方說看到新的產品就會想要，會聯想到設計好不好、價格貴不貴、暢銷不暢銷等。能先對這些產生直覺反應，再思考為何會有這些反應。

例如：幾年前有一次空拍機墜落在首相官邸的事件，希望看到新聞後能夠有所聯想。有聯想到「危險」的意識的這些人中，有的會想隨便將空拍機在城市裡飛行多危險呀，也有人會想私人的一些隱私會不會被空拍機拍到呢？

當然也會有人覺得「有趣」，好比玩具一樣，除了可以飛行，還能輕鬆地空拍攝影和空拍照片。

「③用直覺」是指用看、聽或是當下感覺到的事物，對自己的公司、商機、業界、社會有什麼樣的影響力去想像一下。

這樣的事情會持續擴大嗎？還是只是一時而已不久就落幕了？能不能作為新的商機呢？諸如此類的用直覺去想像。空拍機的例子有人會覺得是流行，也有人卻不這麼認為。或許也有人認為日本企業，還會發售更高性能的空拍機也說不一定。然而幾乎沒有人會聯想到「這樣的空拍機或許在自己的工作、業界領域也能拿來利用呀」。實際上後來在建築工地、道路維護、電影及電視拍攝等都派上用場也讓工程測量業界等有不同的創新展現。

像這樣的用直覺來思考自己的業界和事業未來的趨向，去判斷發生的事是一時的還是時代與世界在轉變的趨勢風向球。

一邊意識、一邊驗證兼鍛鍊

在工作上也能鍛鍊觀察、感受、直覺，不單只是隨便累積經驗而已。以某種程度來說是一邊「意識」、一邊「驗證」，而且還必須要重複去做，這一點很重要。具體的步驟如下：

①寫下觀察到的事
②觀察、感受、直覺的驗證（尋找證據）
③使其進化（修正）

首先①將最初看到的事（事件），想到的事說出來或寫下來。例如：最近常看到騎腳踏車上班、上課的人，就想說或許是愛護地球的環保意識抬頭才會有這麼多人這麼做吧。

未必如此，可能只是在省交通費或者為了身體健康而已。到底哪一個才是對的？目前為止都僅是在思考所看到的、所聽到的以及直覺猜測可能的原因。接下來要調查為何大家都變得愛騎腳踏車了呢？問問周遭已在騎腳踏車或接下來準備要騎的人。這就是②的驗證。

一問之下，了解到比起環保意識的抬頭，主要還是可以運動讓身體健康的同時，還能省交通費，像這樣去做驗證。下次當自己有感覺到的或有想到的事，就用這個方式做並且不斷的重複，讓直覺進化成經驗法則。有時直覺錯誤就運用直覺再修正，下次直覺會更精準。這就是③的進化。經驗法則有可能隨著時代進步而腐化，建議要經常更新。

4 提高敏感度，就能接收到與平時不同的情報

相同的情境，感受因人而異

同樣的東西會因每個人的立場、個性、或狀況等所看到的感受到的都不盡相同。如果諸位已婚了，夫妻二人從車站走回到家，把經過的看到注意到的商店都列一張清單。其中當然也有夫妻倆都有注意到的店，如超市、便利超商、乾洗店、小孩上的補習班之類的。

而男、女的立場來看，男性大多會注意那些如電器行、居酒屋、小鋼珠店或賣香菸的店。而女性則比較偏向注意如花店、麵包店、蛋糕店、美容院、瑜珈教室等。還有道路旁的

野花雜草，還有人家庭院種的花草樹木也是有很多人會去注意的。在私下的場合中有這些不同的見解都是很正常的事。但若換成工作的場合，卻會對有不同的見解這件事覺得無法理解，甚至有人會不允許這種情形發生，怒斥：「發生這種事為什麼沒早發現呢？這工作都做了幾年了？」試圖用責罵或教育的方式來解決問題。但這根本就解決不了問題。重要的是應該要讓其改用不同以往的角度立場來去了解問題點才對。

要怎樣才能以不同的角度立場去看待事情呢？就是要抱著一種問題意識的態度。以前面所述夫婦為例子，夫妻之間要想要更了解彼此，不僅是以自己的角度來看事情，還要努力站在對方的角度來看事情。

從新人與專家眼中所反映的不同

理解後有合適的題材做說明。抱持著問題意識的態度，能看到與以往不同的景色。喬爾・阿圖・百克（Joel Arthur Barker）在他的著作《範式的魔力》（暫譯，原書名 *Paradigms: The Business of Discovering the Future*），引用馬克・吐溫的小說《密西西比河上的生活》裡一段耐人尋味的敘述。以一位新人領航員看著密西西比河的夕陽喃喃自語，充滿文學、情緒的表現為文章的開端。

廣闊的河面被夕陽染紅如血海般，霞紅色漸漸變成金色的中間漂流過來一棵森林原木，很明顯的看到黑色的物體。像一條斜長的線浮在水面一閃一閃地與之相互輝映。別的地方一浮一沉在水面像在畫圈圈一般，也像蛋白石一樣綻放許多的色彩。

（勝浦吉雄譯，文化書房博文社，一九九三年）

（中略）

但做了領航員的工作常往返河港之後，漸漸地自己看事物的角度受到工作訓練關係的影響而起了些變化。發現自己慢慢變成用領航員的視線角度在看河的景色。

一如往常的日落河景呈現在眼前時，心裡卻再也不像從前那般歡喜雀躍。

那漂流的森林原木應該是明天會起風的訊號，實在不妙，讓人有些擔憂。

倘若水面的斜線一直維持那樣，夜晚可能某處的蒸汽船會觸礁沉船吧……。

（喬爾．阿圖．百克《範式的魔力》日經ＢＰ社出版，摘自頁一二六至一二八）

這段摘文，意味著新人領航員隨著工作的經驗累積，逐漸改變看事物的角度。

其實一般人也是會隨著經驗的累積而改變了看事物的角度，或者說一般人與專家即使看到相同的現象，也會有不同的解釋。工作時，每個人都以自己的角度在看待工作，而這也是因為讓工作有效率的進行才是最重要的想法使然。

對事情的看法可說是見仁見智，很難讓所有人意見一致

倘若想打破以往的方式來進行工作，比方想進行業務改革或創新產品、服務時，就必須透過不同角度來看才行。像是以否定過去所有工作的態度重新看待，或者尋找目前顧客仍未注意到的需求之類的。

另一個是與工作上的同事、顧客或客戶溝通不良時，其實都是因為彼此看的角度不同才會反映不同意見無法一致。

自己認為最重要的是正確的處理事情，但有時對方卻認為只要盡快把事情處理好，就算有點小錯誤也沒關係。若沒意識到這點，會漸漸讓討論無法有共識變成平行線。必須重視直

覺上「怪怪的」感覺，哪怕只是一絲一毫也好。

譬如看到工廠的生產線上，每個作業員都很忙的樣子。

看到這種情形經營者 A 心想：「這麼忙碌，那麼我們工廠的接單產能應該很好沒問題。」經營者 B 想的則是：「工廠每個人都這麼忙，應該是品質方面和勞動環境方面發生管理問題，得重新檢視生產線，看是否能讓同樣的作業員人數，而工作變得更輕鬆一點呢？」而經營者 C 擔憂的卻是：「現在就這樣忙，今後若要以同樣的薪資雇用到這些人數恐怕很難，以後的薪資會更加高漲，還是趁現在趕快導入自動化機器人設備生產線才好，不然恐怕無法維持長期的競爭力。」經營者 D 想的是：「工廠需要這麼多的人，那跟其他家的工廠生產線幾乎沒有什麼差別，不如就把生產線整個外包給其他業者，或許會比較有利於成本上的考量。」同樣是以經營者角度來看事情，但見解卻因人而異。能理解這一點，除了對自己很重要的同時，理解別人也是同樣重要。最重要的一點，就是要認清每個人都有自己看事情的角度，因此，見解、想法、感受都不盡相同的事實。

其次除了自己看的角度之外，也可以透過別人的角度去看去感受，或試著去理解，而這點也很重要。

注意異常值：外國觀光客的動向

觀察時，注意一些共通點、找出新事物的見解，並且發現問題點，這些都是很重要的事情。此外，根據不同的場合，有時注意「異常值」，也是件很重要的事。

例如走在大阪市中心的南區路上，可以看到比日本人還要多的亞洲臉孔，由此可知，這幾年對於來自東南亞國家的外國人來說，日本是旅行的人氣國家。另一方面，前些年東京銀座的百貨公司出現陸客掃貨（爆買）的現象，已經告一段落不再發生。主要原因是許多的日本製產品都能在中國大陸買得到，不過，日本製的商品因品質值得信賴，所以依舊受到很大的青睞；只是將購買的地區從日本轉移至中國大陸。

也不能說是外國遊客取代日本人，只因現在有許多的外國遊客，跑去連日本人都很少會去的地方玩。如果在東京，就像老街的藏前一帶，有許多來自不同國家的外國遊客。

以我這種自幼在東京長大的人來看，原本以為有什麼特別的，其實不然，會這麼受歡迎、有人氣，只因為可以看到普通的日本街景而已。

除了東京、大阪這些大都市以外，北海道的新雪谷（Niseko）滑雪場，也有大批外國遊客前往，其中，新雪谷花園渡假村（Niseko Hanazono Resort）的遊客，也是來自歐美的外國人多於日本人。

從觀察的這些現象，可以理解到撇開政治上的感情因素，日本對於華人和東南亞國家的遊客而言，是一個很特別的存在，多數人喜歡在日本購物、吃美食。相對地對歐美國家的人而言，喜歡的地區卻大都是日本人不覺得有什麼特別魅力吸引人的地區。不論亞洲人，也好歐美人也好，對日本而言都有大好的商機。

從左腦邏輯思考來看這些現象，僅會了解數字、平均值、平均現象等，但右腦就能察覺到數字上無法顯示出的異常值。

5 發布執行的最終目標「心服口服」

要了解別人就必須做到感同身受

第二層和第三層之間右腦的運用有些許的差異。第一層與第二層之間右腦是「觀察、感受、直覺」時，右腦的關鍵字為「心服口服」。如第四章所述的要讓人動起來若不能使其心服，是很難做到的。

單靠著邏輯所組成的故事根本無法讓人動起來。也就是說只靠邏輯理論流程是不行的，得要有牽動人心的故事。要有吸引人的故事性才能獲得顧客、客戶、相關部門、或上司、部屬等的理解。才有辦法說服其行動，這一連串的流程的共同關鍵字，就是「心服口服」；這在前面的章節已介紹過了。

要怎樣才能讓對方心服呢？想要讓對方了解，首先必須去了解為何對方無法理解呢？又或者對方哪裡覺得不妥呢？任職波士頓顧問公司期間，常用**「把腳放放進對方的鞋」，意思是說要感同身受**，也就是所謂的「感情移入」（同理心；empathy）；當自己的思考線路無法理解為何對方不能理解時，就換位思考想像一下對方的思考路徑。進一步把可能的問題抓出來，就可能浮現出自己沒注意到的問題和論點。例如：為了有效活用公司資金資源，所以把子公司或分店多餘的資金盡量趨近於零的狀態，所有的資金都回歸到總公司統一管理的做法。

但是，卻遭到分店長的反對，那家分店的營收狀況不錯都有獲利，資金若回歸總公司還是會有利息可以拿也算不錯。倘若公司將所有資金統一管理，現金流量能有效掌控對公司整體也算有利。道理雖然人人都懂，但為何還是反對呢？主要的原因在於，原本能夠機動運用的資金就沒了。面對這種情形即使在怎麼主張提出的意見有多正確，對方也聽不下去。就算勉強說服了對方，之後一定還是會有問題發生的。因此一定要找出對方堅持的理由仔細地去傾聽才行。

如此一來，就會發現其實過去這家分店曾尚未經總公司的同意，就事先由分店長帶領執行新案子的市場開拓，進行一些行銷宣傳而花了些促銷費用。也因為這樣促使這家分店的銷售業績很好。倘若新做法能讓分店長保留一部分資金的使用裁決權，或是能縮短資金緊急調度時的簽核流程時間，避免造成要舉辦促銷現場活動時沒有資金可用的窘境。這麼一來，應該可以解決分店長內心糾結的問題。

類似像這樣站在對方的立場角度來思考事情，如果能透過與對方溝通找出問題點是最好的。只是有時沒機會溝通，或即使溝通也無法讓對方理解。自己先在腦海中想像模擬對方的想法，會很有效的。預設幾個可能的狀況，等到有機會與對方溝通時，將最有可能的問題直接挑明與對方溝通，這樣最有用。對方若是很正面的回應就表示猜對了癥結點，如果不是，只好再想想其他的問題了。

用右腦思索反對的理由，用左腦思考說服的方法

要怎樣才能讓對方了解自己的想法呢？首先要先了解對方糾結在自己想法中的哪一部分？再來思考該怎麼樣做。因為反對的理由太多了，有可能是習慣以往的方式，不喜歡接

受新的事物。也有可能是沒有自信，所以不想接觸新事物；或只要是新事物，一概不想做、不接受。

關於這部分由右腦先想出來再用左腦驗證加以確定。知道了對方反對的理由後，再用右腦來想該如何說服對方的方法。看是要從旁慢慢說服直到對方接受為止，還是必須從後面推對方一把才能讓對方做出抉擇。

依據對方的態度來決定方法，再依據方法來決定是要蒐集證據數字來說服對方呢？還是要訴諸於情感說服呢？又或者必須用點威嚇的方式呢？

蒐集證據數字來說服對方時要在哪種場合呢？是正式的會議或對談好呢？還是邀請去餐廳用餐喝酒輕鬆聊呢？談話時用尊稱的方式會不會比較好呢？

若用威嚇，是要在公眾的場合好呢？還是私下二人的時候好呢？

這些步驟過程都是由左腦所決定了。解決方案等進入執行階段要感情移入時就又得靠右腦了。

這些為了說服對方而左右腦交叉思考的傳接球運用，是很重要的。

6 累積經驗，磨練直覺

第五章的第三節說明觀察、感受、直覺的三項要素不斷的重複進行，讓直覺從原本單純的直覺轉變成可以在商業上派上用場的直覺。直覺有可能一開始常出錯或沒什麼發揮作用以及老是失敗。

但相信隨著失敗次數的增加會使直覺更成長茁壯更加精準。就像【圖表 5－3】從原本的 O 型漸漸變成 L 型，或原本是 G 型的進化成 GL 型。

正面出擊以提高經驗值

理解了對方的心情，想要知道自己的想法是否有正確的傳達給對方時，可以用「打直拳」

正面出擊的方式。這也是打拳擊時為牽制對方或試探對方的一種出拳方式。為了探知對方真正的想法故意說些重話，看看對方的反應找出真正的內心想法。為了知道想法能否被對方接受，所以故意提出比較誇張的提案。

案例：針對那些沒有明顯決心要改革創新的經營者、領導者們，當面對他們說：「因為您們一直採取保守的經營態度，才讓公司無法改變，不是嗎？」倘若對方當場生氣了，就表示說中要害。若是沉默不語，表示可能有心改革，卻又覺得責任重大不敢貿然去做。

出直拳方式可能惹怒對方，不過，藉由經驗的累積，漸漸學會拿捏出該出怎樣的直拳，才不會造成致命傷，又能更理解對方，讓對方付諸行動。

控制情感

到目前為止都是以如何說服上司、客戶、顧客、對方等為中心，**不過還有一個最重要的人物必須說服他，而那個人，正是我們自己。**

沒有必要壓抑自己的喜怒哀樂，最重要的事傾聽自己右腦的聲音，也就是該如何處理好情感。在商務上大多數都會被要求盡可能排除個人的好惡、情感，而以邏輯理論思考方式來進行。但是依據我多年實際經驗發現，以那樣的做法進行工作時只會讓人覺得很無趣，最後還造成壓力累積無法釋放。一開始因為是工作或多或少都會忍耐，一旦進行不順，就會變得愈來愈不想做，甚至最後覺得行不通想放棄。況且原本一直忍耐壓抑或一直與討厭的人共事的心情，變得愈加厭煩難以再忍受。這樣的情緒和工作狀態真的好嗎？肯定是無法長久持續下去的。

相對的，反而是將自己的情感融入工作中，既不會累積壓力也會做得比較起勁。我並不是鼓勵單純把喜怒哀樂的情緒直接帶入工作中，不然，私底下的喜怒哀樂都毫無收斂直接表達出來時，可能會讓周遭的人們退避三舍。

工作的情況也是一樣的，先誠實面對自我的情感，但並不是對外，而是對自己內心。為何覺得有趣？別人也一樣覺得有趣嗎？為何覺得無趣？別人又是怎麼覺得的？為何覺得高興？又為何覺得憤怒？自己雖不想難道只因被迫這樣？會這麼做根本就是誤入歧途？誠實面對自己的情感，試著分析會有這種感覺的理由，再以那樣心態來行動。

單單只是自己覺得有趣，若身旁周遭的人並不這麼認為時，為了讓對方也能跟自己一樣覺得有趣並引起共鳴，該怎麼做才好呢？

一想到是正確、非做不可的事就會覺得「好難喔、好累喔」。換個心態一想到是自己想做的事要怎麼才能實現呢？可能會感覺比較快樂，其實工作也應該以這樣的心態才是。

經過冷靜思考後還是不想做，原因很有可能出在不想跟某個人一起共事的個人好惡，也有可能是為了不想造成對顧客或客戶往來的不利，或是腦中浮現出絕對無法順利進行等理由。依照各種不同情況的因應處理方式也不盡相同。相較於明明不喜歡還要一直忍耐去做，這種自我覺察的做法，不僅對個人的身心健全有益之外，對組織而言也是較好的現象。

因此對於工作時最初心裡冒出來的感受，應該要退一步好好思考釐清「為何會有這種感覺？」而不是因為是工作的關係就否定它。

增加「幹勁的開關」

每個人自動自發努力做事的理由、動機有千百種。

前述品川女子學院的漆紫穗子理事長稱之為「幹勁的開關」。對那些為了錢而努力的人，或許可以跟他們說明如果這樣做可以增加收入。也有人是想升遷或加薪，還有人對升官發財沒有多大興趣，可是看到顧客高興的樣子就覺得很開心。像這樣的人，就可以跟他們說新做法、新工作都是為了讓顧客更滿足。對他們要以訴諸於情感的方式，而不是邏輯理論的方式。也有為了顧客以外的人而努力做事的，只要找出是「為了誰」，或許是家人又或許是上司、朋友。甚至有的是為了獲得肯定而努力的，找出「那個人」很重要。如果「那個人」就是身為上司的你，那麼你若能稱讚他，他或許又會加倍努力。當然也有人單純憑個人好惡行動，如果很不幸你就是「那個（惹他討厭的）人」，強求是不會順利的。只能換別人代替你上場了，如果這麼做，對雙方都好，也不至於折磨彼此而糾結痛苦。

除此之外，自己可以下功夫找出比較好或比較容易的做法。所謂商業上重要的直覺，並不是指一般隨便的直覺，是一種建立在經驗累積上的假說。因此經驗累積的愈多直覺就愈精準。只是需注意一點，那就是沒意義的經驗即使累積一堆，也無法讓直覺進化的更精準。

換句話說，最重要的還是要經常保持問題意識的態度，隨著問題意識來累積經驗，充實有用的能參考的資料數據。所謂右腦思考，是指**累積自身的經驗，自己可以自由存取資料，並且能夠拿來自由思考。**

第六章

試著除了邏輯思考之外，更相信直覺

1 首先把左腦放空，用右腦做事

太過重視邏輯思考

常被教導在商業上最重要的是用邏輯思考，絕不可以依賴經驗、直覺和膽大。

不過在本書中我卻唱反調。畢竟所有的商業行為都是由人來做的，由人做的必定有情感因素存在。行動經濟學所學到的就是人並非靠理性而行動，是靠情感來行動的。

所以好好的理解清楚情感的狀態或者能控制好自己的情感時，工作也就能很順利的進行。暫且忘了左腦，應該要更加的運用右腦才對。更具體的來說，就是當右腦感到「這個應該這樣吧？」「那個好像不對哦！」「感覺怪怪的耶！」千萬不能因為與邏輯思考不符合就置之不理，應該要努力釐清，或是改採以情感為主的行動。

工作中分別使用左右腦

工作的流程以左腦邏輯來說明會如【圖表 6-1】的上段。首先情報蒐集可以去現場查看、召開會議、訪談、建立假說，將發現問題再加以明確化以及定義需要解決的課題。這稱為第一階段。

然後在第二階段的工作就是進一步分析問題點，使課題能夠結構化並且由此想出解決對策。最後的三階段就是選擇解決對策然後發布執行，以右腦情感來說明會如【圖表 6-1】的下段的關鍵字部分。

第一階段的工作就是讓右腦充分發揮作用去觀察、感受、直覺發現什麼是課題？找出在哪裡？有什麼樣的可能？

這裡的關鍵字就是「看」、「感受」和「靈光一現」。第二階段因為是分析問題提出解決對策的部分，還是會以左腦為主。作出一些分析力與邏輯結構以及篩選出可能的解答。關鍵

【圖表 6-1】 右腦和左腦的三明治結構與交互傳接球的關係

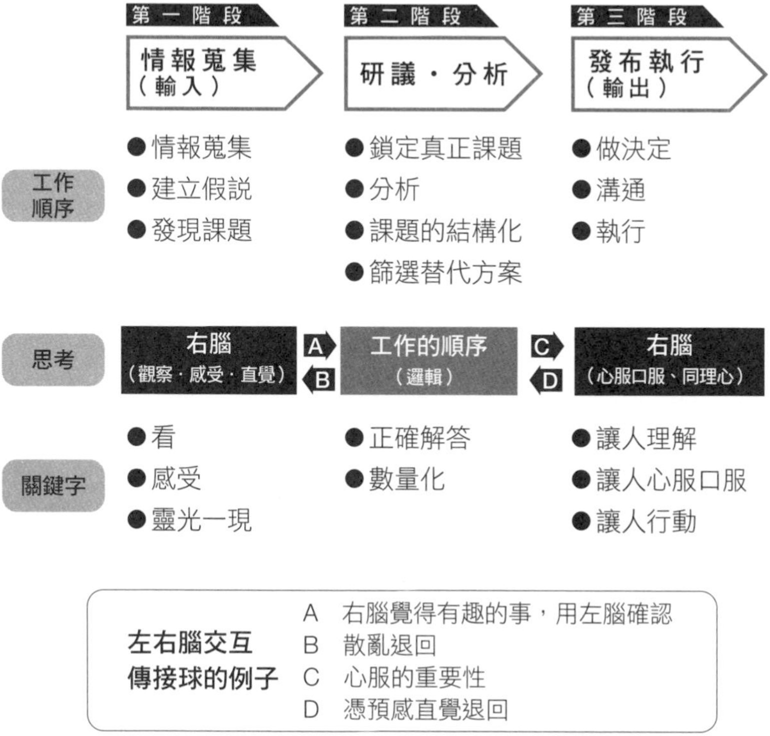

字就是「正確」和「數量化」。

最後的第三階段再次回到右腦，在這階段需要做決定或是發布執行都以人為主體。就右腦思考而言，心服和情感移入都是最後是否能發布執行的重要關鍵。理所當然關鍵字就是「使人理解」、「使人心服」和「使人行動」。

2 您是左腦人？還是右腦人？

以成為右腦思考力高的人為目標，首先要捫心自問自己到底是屬於左腦擅長的人，還是右腦擅長的人，當然有的人是左右腦都擅長，而有的人則是左右腦都不靈光。

右腦型的經營者：外冷內熱

我相當尊敬的一位經營者吉川廣和先生，他將擁有百年歷史的同和控股控股（集團）有限公司（DOWA HOLDINGS），成功改革轉型成為高收益的企業。

他是一位很優秀的經營者，可惜前幾年過世了。我曾讀過他寫的書《打破牆壁》（暫譯，『壁を壊す』，鑽石出版社），給人的感覺是冷靜幹練、善於左腦思考的人物，實際上卻是古道熱腸又有人情味。

我認為吉川先生非常了解自己是一個情感豐富的人，正因為好惡分明，所以更能了解別人的心情。也深刻了解到不能放任自己的情感來經營公司，因為這樣一來，無法讓人心服，也會影響到人事上的公平，嚴重時甚至導致組織的腐敗。

因為了解後果嚴重，所以做事的方式都是特意先以邏輯左腦打頭陣，除了公開資訊以外，後續也會發布相關規定以促進改革。是一位相當了解自己的經營者，絕對不會為了私利誤了大事。

左腦型的經營者：簡報時善於引起共鳴

還有一位左腦型經營者的代表人物，是益基譜管理諮詢（IGPI）執行長（CEO）冨山和彥，他在大學時期就通過司法考試。

大學畢業後進入顧問公司工作，在職期間取得史丹福商學院MBA；從他的言談舉止來看，就知道他是一位善於利用邏輯開會的人。此外，本書中不只一次強調，單靠左腦說服組織、人或是讓人動起來，都是滿難的事情。

因此許多左腦型的人，會利用右腦來補強說服力不足的地方。以富山先生為例，他最厲害的武器就是善用完美的邏輯分析，同時又能引起共鳴的簡報。

我是受過左腦思考訓練的右腦人

以我為例，我是右腦人。自小就喜歡數學和理科，大學也讀工學系，之後在商學院進修，課程也偏向財經、市場行銷，這都是注重資料、數據明確的科系，之後我轉職的波士頓顧問公司也是如此。從所有的學經歷來看，每個人都會認為我是典型的左腦人。連我自己在當公司合夥人之前也一直是這麼認為的。

直到年過四十歲左右，我才逐漸意識到自己擅長的其實是右腦。怎麼說呢？我不但能善用左腦的邏輯思考，客觀來說，我滿喜歡用左腦思考。

不過，世界上比我更善用左腦的也大有人在。在擔任顧問時，我逐漸明白只靠邏輯並不夠，也無法勝出。我還發現，自己的右腦思考和突發奇想的點子，跟別人比起來算是較為奇特的那種；所以，就決定以右腦一決勝負。

因此，與其用邏輯分析來導出正確的結論，相反地我都會先以右腦想出來的點子為主架構，之後再運用邏輯去豐富細部內容的方式。或是當邏輯的方式不順利、不正確時也會這麼做。而右腦的模式就是自己或周遭的人想做的事，都會「先試試看再說」。

簡單來說，不單是因為正確的、該做的事才去做，「想做做看、覺得有趣」的事也會嘗試看看，變得漸漸重視對事物的興奮與期待感。

然後有「一部分的人」覺得我會提出一些有趣的、做起來開心的、別人想不到的案子。其實右腦在人際關係上也扮演了很重要的角色，雖說我不是非常擅長處理人際關係，但卻深刻的體認到其重要性。

也有自知之明，雖然無法做到「眾人愛戴」的程度，只要做到「一部分的人喜歡」的程度就可以了。

3 鍛鍊能判斷重要領域的直覺

前面第五章中已有敘述過，右腦人的類型分為天才的G型，還有努力學習經驗累積的L型二種。而分類方式並非適用全部的領域範圍，要以某部分領域來區分類型。

以我為例，在藝術、人際關係的領域裡，就完全沒有天生的直覺。不過，我的數字概念很強，對於電機產品、汽車等的流行趨勢與相關資訊，通常我的直覺都很準。

只不過要讓組織整個動起來，牽涉到人際關係、領導力、動機等因素，不能僅憑直覺。

所謂重要的直覺對顧問這份工作而言，正是指其所擅長的領域。所擁有的直覺都是工作經驗的累積而來的。對我而言，我相信**在工作上用到的許多直覺大多是透過L型學習而來的**。說到個人好惡，在成為經營顧問之前，我非常喜歡數字和邏輯理論、財務分析等有明確答案的事物，也很擅長市場行銷之類，利用邏輯理論就能想出答案。我想說的是，只有自己才清楚自己在哪個領域的直覺最敏銳。然後藉由工作或職場的經驗，進一步思考領悟自己重要的直覺是屬於哪一個領域的。倘若在那個領域裡自己的直覺屬於G型，那麼直覺的精準度應該會自然而然的累積提昇。若是L型，必須要有意識的努力累積學習才行，況且需要花相當多的時間，才有辦法累積直覺的精準度。

4 了解在組織內受人期待的角色

一邊靜靜地觀察與自己工作上有關係的人，都是什麼樣的人？要完成什麼樣的任務？或是受人期待什麼？在了解自己在哪個領域中右腦能靈活運用的同時，也能認知自己的左腦和右腦相對地有什麼樣的能力，這是件很重要的事。

例如：同一個組織中有擅長邏輯思考的人，但卻也未必一定得與他們競爭，重點在於，留待之後可以從他們身上學到這些邏輯思考的方法和技巧。

在那之前可以發揮那些人沒有的技巧，這樣對組織來說更能發揮整體戰力。

一般而言，受人期待的角色大致上可分為以下幾種。

分析型

這類型人很會發現問題、分析現狀。有著分析能力強的左腦型，以及能注意到別人未能發現的問題並且批判能力也很高的右腦型。

批評家型

對於別人的發言、提案、指正等，發現問題點和課題的能力很強。其實有時候只需指出該怎麼修正就好或者改過來就好了。但卻常會批評到讓人覺得幾乎整個都是錯的、不好的。

突發奇想型

這類型人通常都不會顧慮後面的事，只是想到什麼就說什麼直接提案。基本上都很樂觀正面，即使自己的提案被否定、挨罵了，也不會就此灰心放棄。

熟慮型

都是先聽聽別人的意見然後加入自己的想法在腦中反覆的思考，若不是很確信的事是不會發言、行動的類型。有可能職位較高、年齡上也不年輕，甚少發言的人，做事謹慎受人尊敬。

實行型

不論是不是自己想的，總之只要是組織決定要做的事，都會打頭陣率先執行。腦袋還沒細想身體就已經開始行動了。是執行事情和達成目標不可或缺的類型人物。

破壞者型

通常都是不受常識限制而直接面對那些顛覆既有的價值觀的議論。常覺得自己說的是對的，有的時候也像在攪局會讓好不容易有共識的討論又被推翻了。

彙整型

將整個團隊的意見整合集結起來，不管面對其他部門、顧客、客戶的開會討論都能做出很好的總結出來。

建議型

既非去提案或總結討論，也不是打先鋒去執行的人。而是大家都想去聽聽對這件事情的看法或建議的，或者在適當時機針對議論提出有影響力發言的人。

身為一位經營者，或多或少都扮演著這類型的人物。

以我自己是顧問時期的例子來說，有一位很要好的客戶，是一位經營者。他曾這樣對我說，他若課題上要尋求正確解答時，會請御立尚資先生協助；但若需要不同的意見，或是檢查看看有無任何遺漏，就請我幫忙。或許身為經營顧問這份職業中，這就是我所被期待扮演的角色吧。

順便介紹一下御立尚資先生（按：著有《策略思考》，繁體中文版由經濟新潮社出版），他是我任職於波士頓顧問公司的晚輩，是一位相當優秀的顧問。

5「大於」和「小於」符號反轉時，就能進步和學習

如同前述，目前邏輯思考當道，將直覺或感受直接運用在工作上需要勇氣，也會有些不安；但在我長年的經驗中，優秀的領導者都有很棒的右腦。當然比起右腦，有著更優秀的左腦的人也大有人在；不過右腦思考弱的領導者可以說很少。

每一位在職場人，都有這樣的常識：

邏輯思考＞（大於）直覺

建議將符號反轉來試試看：

邏輯思考＜（小於）直覺

如此一來，或許事情會比較順利，也能預防錯誤的發生，當然也有可能會失敗；但沒有失敗，就永遠無法進一步成長。

因此，千萬不要害怕失敗，更積極挑戰右腦思考，增廣見識，才能與眾不同、脫穎而出。

邏輯思考＞直覺

↓

邏輯思考＜直覺

結語

曾在波士頓顧問公司工作，並且大學是工學系畢業，所有人都認為我的邏輯思考非常強。因此常常有人問我要怎麼邏輯思考？針對公司裡不講邏輯的人，要怎樣用邏輯說服他們？在本書我也一直重複強調自己是右腦人。對想讓邏輯思考達到更好境界的人，我的建議是：與其一直用邏輯思考來鍛鍊左腦，還不如努力鍛鍊右腦會來得比較有用些。畢竟工作上不可能只靠直覺或經驗來做事，倘若真的這麼做，恐怕風險也很高。但是，經過右腦思考之後，可以利用左腦邏輯思考增加細節，這麼一來，就一定不會錯的。

若有人問我，是否有邏輯思考極強的工作者或經營者呢？我的答案是沒有。就我所認識極為優秀又富有魅力的經營者，幾乎都是出色的右腦人。

他們所擁有的優秀的特質與左腦人不同，以前都被認為不大能說清楚到底是什麼樣的特質。如果這樣下去，這些優秀的經營者或領導者的特質與思考方式，就無法傳承給年輕人。必須想辦法讓這種特質或方法「可視化」，藉此能夠讓人模仿、實踐、實驗或磨練等，這正是我寫這本書的動機。

當你挨上司一頓罵：「這是你突發奇想的提案，對吧？」明明自己就是突發奇想，但卻回答：「不是的，是用邏輯思考過的」，結果可想而知被上司用邏輯分析整個戳破謊言，似乎常可以看到這樣的情形常發生。

如果希望自己好不容易想出的點子或提案能讓人接受，當您讀完這本書後，若遇到同樣的問題時，希望您的回答會如下面一樣從容。

「這是你突發奇想的提案，對吧？」

「是的，是突發奇想，但我已經用邏輯分析驗證過了，沒問題的。」

在寫《假說思考》和《論點思考》二本書時，就有想過要寫成思考力三部曲系列，本書就是第三部的完結篇。我最開始將自己的想法，與東洋經濟新報社編輯黑坂浩一先生提出討論是在二〇一三年。從那以後都過了六年，這中間因為將以故事為出發點的想法，改成了以右腦為中心出發點，所以拖了幾年的時間。雖多花了幾年時間，但能寫出自己覺得滿意又自豪的作品，真的要感謝願意耐心配合等待的黑坂先生，以及寫前二部作品時的編輯橋本淳司先生。

這次本書在原稿階段時，受到早稻田大學學生們的啟發：右腦和左腦的三明治結構圖要感謝藤井淳喜同學，右腦和左腦交互傳接球圖要感謝岩佐彰則、出口俊一、福本大悟三位同學；由於他們提供點子協助修正，與我原本構想的圖解來得讓人容易理解，再次感謝他們。

還有要感謝：尾崎文則、掛田茉莉、掛谷章往、勝田菜菜子、坪井亞紀子、鳥居芳隆、中村公治、二牟禮弘樹、山崎忠史、山田洋介，以及許多同學們提供的寶貴意見；由於這本書比較接近商管書，為了能更加淺顯易懂，他們幫我很大的忙。

此外，還要感謝至二〇一八年七月為止，協助我八年多的祕書內田麻里子小姐。最後，感謝內人與家人一直支持我，甚至不曾抱怨我連假日都在寫作，藉此表達我最深的謝意。

筆者

圖表索引

國家圖書館出版品預行編目 (CIP) 資料

右腦思考 : 善用直覺、觀察、感受 , 超越邏輯的高效工作法 / 內田和成著 ; 周紫苑譯 .
-- 初版 . -- 臺北市 : 經濟新潮社出版 : 家庭傳媒城邦分公司發行 , 2020.03
面 ;　公分 . -- (經營管理 ; 161)

ISBN 978-986-98680-2-0(平裝)

1. 思考 2. 職場成功法

176.4　　109001129